Il Vademecum Bitcoin

Concetti Fondamentali di Economia, Tecnologia e Psicologia

Edited by Anil Patel

Italian version edited by Virginia Darcy

Italian translation by Guybrush

Proof-reading by Alevand

Cover design by Anil Patel

Typesetting by Konsensus Network

Print and distribution by Konsensus Network

ISBN: 978-9916-723-42-5 (Paperback)

978-9916-723-41-8 (Hardcover)

978-9916-723-44-9 (Ebook)

Konsensus Network: https://konsensus.network

Publisher: info@konsensus.network

Author: anilsaidso@pm.me

Anil Patel
@anilsaidso

CONTENUTI

Potrebbe sembrare egoistico, ma non ho scritto questo libro per voi.

L'ho scritto per me.

Bitcoin è ricco di sfaccettature e profondamente multidisciplinare. Comprenderlo richiede analizzarne innanzi tutto suoi i principi di base.

Per questo libro, mi sono dato l'obiettivo di comprendere, al meglio delle mie possibilità, la tecnologia monetaria e le reti di comunicazione, per poterle poi tradurre in un'unica risorsa completa.

Questo processo mi ha obbligato a ricercare, curare e sintetizzare una vasta quantità di informazioni. Molte pagine sono state sacrificate per questo obiettivo e molte sono finite nel proverbiale cestino. Sono stato ossessionato dalla concisione e ho eliminato tutto ciò che non fosse assolutamente essenziale per comprendere il quadro generale.

Il risultato è un libro enciclopedico sintetico, senza tempo e inattaccabile. Anche se questo Vademecum può essere letto tutto d'un fiato, ti invito a fermarti e a riflettere su ogni capitolo e a collegarlo con le esperienze vissute nella tua vita. E' così, infondo, che si può dire di aver capito davvero qualcosa.

Se la tavola dei contenuti ti apparirà ardua, non scoraggiare; questo libro è privo di termini tecnici e complessità non necessarie (come autore no ho alcun interesse a sembrare intelligente).

Nell'insieme, questa particolare collezione di concetti servirà te (come ha servito me) per nagivare questo mondo che cambia sempre più velocemente per mano della tecnologia.

Buon viaggio.

Nulla di quanto contenuto in questo libro deve essere interpretato come consulenza finanziaria, fiscale o legale.

INTRODUZIONE di Jeff Booth

Il nostro quadro di riferimento guida i pensieri, le parole e le azioni che formano la nostra realtà. Forse non ce ne rendiamo conto, ma siamo noi stessi a controllare questo quadro di riferimento dato che siamo i soli a poterlo cambiare. Ciascuna delle nostre vite è una riflessione speculare (con un certo ritardo temporale) di quei pensieri, convinzioni e azioni. La nostra società è formata da una realtà condivisa di questi quadri di riferimento. Così si crea il bello, imprevedibile e spesso caotico mosaico della vita.

Molto spesso, però, i nostri riferimenti non ci permettono di raggiungere i risultati che desideriamo. E così, invece di osservare in maniera critica la struttura del nostro pensiero, il più delle volte ci rivolgiamo a coloro che rafforzeranno le nostre stesse convinzioni, e raramente scopriremo la magia di ciò che potrebbe esistere al di fuori della cornice.

Se il quadro di riferimento in questione fosse un sistema economico che sta alla base di tutte le altre proprietà fondamentali della nostra realtà condivisa e ogni persona al suo interno, sarebbe a dir poco sconcertante. Soprattutto se questi riferimenti fossero sbagliati. Il problema di un sistema non può essere risolto dallo stesso sistema che crea il problema, e probabilmente non riusciremo nemmeno a rilevare il problema se ci riferissimo solamente a quel sistema.

Questa è la tana del coniglio di Bitcoin. Una rete completamente decentralizzata e sicura che emerge al di fuori del sistema esistente. Per i più aperti e curiosi, un percorso di apprendimento quasi infinito che va dall'economia, alla psicologia passando per la teoria dei giochi, per l'energia, la fisica, la tecnologia, la teoria dei sistemi e la filosofia. E alla fine della tana del coniglio, alberga la convinzione della crescente legione di sostenitori di Bitcoin sul perché è così importante per l'umanità. Proprio in virtù di questa convinzione Bitcoin è così polarizzante per tutti coloro che invece questo viaggio non l'hanno ancora intrapreso.

Diversi quadri di riferimento nel mondo sono in competizione tra loro per influenzare pensieri, parole e azioni. Il quadro che descrive l'organizzazione del mondo oggi: radicato nella coercizione, nel controllo e nella scarsità. E uno nuovo che si basa sull'emergente rete proposta da Bitcoin: radicato nella verità, nella speranza e nell'abbondanza.

Devi a te stesso la possibilità di approfondire questi concetti per capire se ti trovi nel quadro di riferimento giusto.

PARTE I:
Economia

SCARSITÀ

Come vengono utilizzate e ricercate risorse naturalmente limitate.

Risorse scarse stimolano la competizione per il loro possesso, che si riflette, attraverso il prezzo, in un mercato libero. Molte risorse che un tempo erano scarse sono ora abbondanti grazie all'innovazione: calorie, tessuti e informazioni.

Un bene può diventare sempre più scarso se serve, ad esempio, come input di un processo industriale e la domanda aumenta più velocemente di quanto il bene venga prodotto. Come denaro, invece, viene tipicamente scelta dal mercato l'entità più liquida e commerciabile, e il suo valore dunque risiede nella sua intrinseca scarsità.

Questa proprietà di "scarsità" del denaro è un incentivo a creare abbondanza in altri settori, in quanto fornisce un meccanismo per immagazzinare valore in modo affidabile.

Bitcoin rappresenta l'invenzione della scarsità digitale. Non è mai esistita nella storia dell'umanità un'unità digitale irriproducibile e verificabile in modo indipendente. Il limite massimo alla sua emissione, fissato da un innovativo processo di consenso decentralizzato la rende assolutamente scarsa. E non esiste un livello di scarsità oltre quello della scarsità assoluta.

« La prima lezione dell'economia è la scarsità: Non esiste mai una quantità sufficiente di una determinata risorsa che soddisfa tutti coloro che la desiderano. La prima lezione della politica è quella di ignorare la prima lezione dell'economia ". »

- THOMAS SOWELL

SCARSITÀ

PREMIO MONETARIO

Il surplus di valore prescritto ad un bene per la sua abilità di funzionare come forma di denaro, in aggiunta ai suoi casi d'uso.

Quando la proprietà di scarsità del denaro viene violata, la sua capacità di immagazzinare valore, in modo affidabile, inizia a deteriorarsi.

Fintanto che non emergerà una nuova forma di denaro, altri beni e risorse scarsi riempiranno questo vuoto nel mercato, attirando su di loro un determinato premio monetario.

« Quando la moneta dominante diventa malata terminale, assistiamo alla monetizzazione a breve termine di tutto il resto »

- TUUR DEMEESTER

Alla fine del processo, questi premi monetari si esauriscono quando una forma di denaro superiore (con proprietà monetarie più appetibili) si manifesta..

VIJAY BOYAPATI

« Una caratteristica comune a tutti i beni monetari è che il loro potere d'acquisto è superiore a quello che può essere giustificato dal solo valore d'uso. Molte monete usate nell'antichità non avevano alcun valore intrinseco. La differenza tra il potere d'acquisto di uno strumento monetario e il valore di scambio che potrebbe generare per la sua utilità intrinseca, può essere considerata come un "premio monetario" »

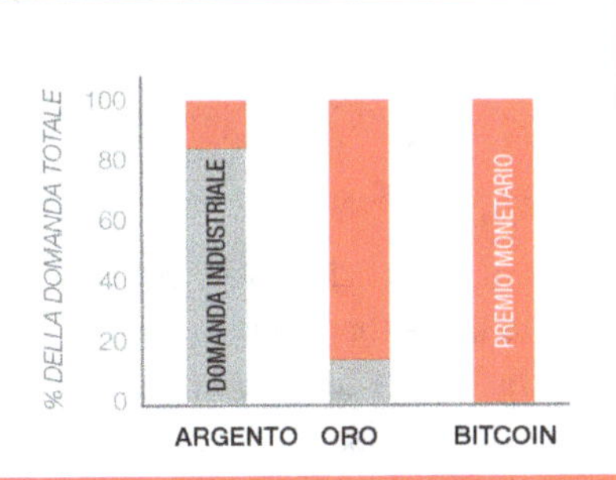

FONTE: "THE BULLISH CASE FOR BITCOIN" DI VIJAY BOYAPATI

LEGGE DI GRESHAM

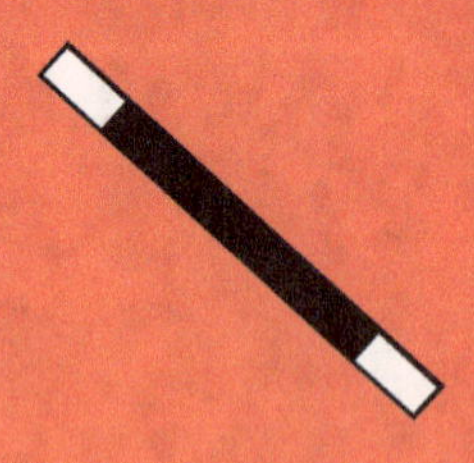

Quando a due diverse forme di moneta viene assegnato un valore nominale equivalente, quella con maggior valore intrinseco scompare dalla circolazione.

La Legge di Gresham spiega il comportamento razionale delle persone quando il valore intrinseco di una moneta (i.e. contenuto in metallo prezioso) scende al di sotto del suo valore nominale, e al contempo sono in circolazione monete di maggiore purezza. In questo caso verrà spesa la prima e risparmiata la seconda.

« Coerenza, stabilità e alta qualità sono stati gli attributi delle grandi valute che hanno hanno vinto la competizione per l'uso come moneta internazionale »

- ROBERT MUNDELL

Mentre era al servizio della Regina Elisabetta I, Gresham determinò una distinzione tra denaro "buono" e "cattivo" basandosi sul periodo in cui, durante il regno di Enrico VIII, i metalli preziosi cominciarono a circolare come denaro in Gran Bretagna. Gresham notò come il declino della qualità delle nuove monete (minore contenuto di metallo prezioso) fece sì che le monete più vecchie, di purezza maggiore, venissero risparmiate.

Una diminuzione della purezza della moneta ha come risultato prevedibile un calo del livello di fiducia nell'emittente della moneta stessa.

« Monete "buone" e monete "cattive" non possono circolare contemporaneamente »

Contenuto di argento di un *penny*.

LEGGE DI GRESHAM

Anche se questa rappresentazione si riferisce al denaro nella sua forma "fisica", la Legge di Gresham può essere applicata allo standard fiat nel quale la svalutazione avviene tramite inflazione dell'offerta.

Con l'emergere di Bitcoin, che fornisce un'unità monetaria concorrente e una maggiore fiducia nella conservazione della ricchezza nel lungo termine, assistiamo ora alla tendenza naturale al risparmio di Bitcoin e alla spesa delle riserve fiat.

« Di per sé, l'affermazione generale - il denaro buono scaccia quello cattivo - è la proposizione empirica più corretta. Storicamente, sono state le valute buone e forti a scacciare quelle cattive e deboli. I fiorini, i ducati e gli zecchini delle città-stato italiane non sono diventati i 'dollari del Medioevo' proprio perché erano monete cattive »

- ROBERT MUNDELL

LA LEGGE DI THIER

In assenza di leggi sul corso legale, il denaro che non può conservare il suo valore in maniera affidabile, sarà scartato in favore di forme di denaro dalle proprietà superiori.

Cosa succederebbe se, invece di scomparire dalla circolazione, la forma di denaro di qualità superiore procurasse un vantaggio monetario mentre le forme di denaro di qualità inferiore venissero rifiutate del tutto dai commercianti?

La legge di Thier presuppone che le leggi sul corso legale che tentano di imporre l'uso di una moneta compromessa, con un valore nominale predeterminato, saranno ad un certo punto ignorate.

EFFETTO CANTILLON

Nuove unità monetarie creano un aumento dei prezzi sproporzionato quando sono iniettate in una economia che si basa sulla loro circolazione.

Osservando il percorso che le nuove monete coniate facevano al loro ingresso in una economia, Cantillon ipotizzò che i destinatari iniziali godessero di un tenore di vita migliore a spese dei destinatari successivi. Ciò è dovuto alle particolari preferenze di spesa di chi entra, per primo, in contatto con queste nuove monete, che causano un aumento sproporzionato di alcuni beni invece di altri (inflazione relativa).

Sebbene Cantillon sia vissuto in una economia basata sul denaro-merce (oro e argento), la sua teoria ha una rilevanza ancora maggiore nell'era fiat. La stampa di denaro senza limiti e la riduzione dei tassi di interesse ha prevedibilmente causato un aumento dei prezzi, a beneficio dei proprietari, ma anche di coloro che godono di maggiore accesso al credito.

RICHARD CANTILLON

« Non è importante chi ottenga le nuove monete emesse.. Esso si dirigerà più o meno verso certi tipi di prodotti o merci, secondo il giudizio di coloro che acquisiscono il nuovo denaro. I prezzi aumenteranno di più per certi beni che per altri. »

Bitcoin ci offre un antidoto con la sua offerta di denaro perfettamente inelastica. Il potere d'acquisto non può essere ridotto e diluito e la mancanza di un'autorità centrale di emissione significa che non esiste nessuno su cui esercitare pressione o da cooptare.

« La produzione di nuovo denaro… ridistribuisce il reddito reale dai proprietari successivi a quelli precedenti. »

- JÖRG GUIDO HÜLSMANN

Un sistema monetario fiat con obiettivi di inflazione stabiliti in modo arbitrario è in contrasto con la natura deflazionistica della tecnologia, e deruba la società dei suoi progressi in efficienza. Compresa questa verità, l'utilizzo di valuta fiat come riserva di valore cessa di essere un'opzione valida sul lungo termine. Mentre la fiducia nei pianificatori centrali continua ad esaurirsi, possiamo osservare una piccola ma costante migrazione di utenti di moneta fiat verso Bitcoin.

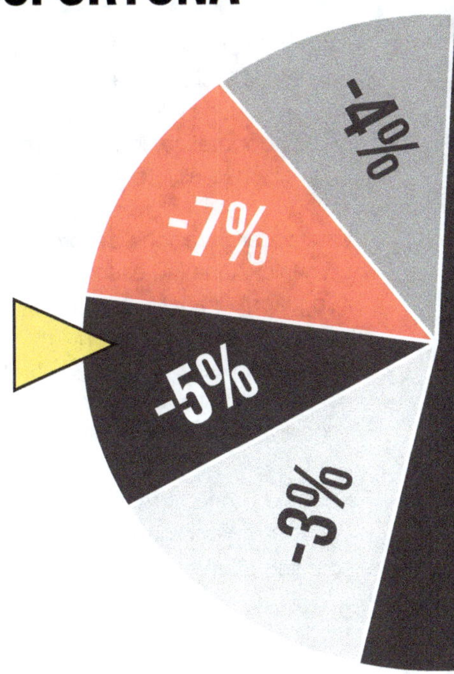

PUNTO DI SCHELLING

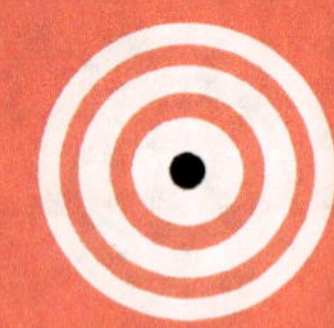

La soluzione che le persone tendono a scegliere automaticamente in assenza di comunicazione.

Nei giochi cooperativi multigiocatore il successo dipende dall'abilità di anticipare le mosse degli altri. Una scelta sbagliata può comportare delle conseguenze negative o la perdita di un vantaggio.

Il modo in cui comunichiamo con gli altri segue una logica simile, in quanto la comunicazione non è altro che un grande gioco cooperativo, in cui diversi giocatori interagiscono all'interno della stessa rete.

La standardizzazione dei protocolli di comunicazione (ad esempio email, il linguaggio parlato, il denaro…) ci permettono di interagire nel modo più efficiente possibile con la più ampia gamma di partecipanti possibile e con la minore quantità di attrito.

Questo comporta molti vantaggi evidenti, come l'aumento del commercio, lo scambio di competenze, e l'innovazione.

« Il denaro facilita la scalabilità della società aumentando le opportunità di scambio. »

- NICK SZABO

Nel regno digitale (in assenza di leggi sul corso legale), assisteremo ad una convergenza verso il denaro che trasmette valore in maniera più accurata, consentendo maggiore coordinazione tra i partecipanti al mercato.

Questa opzione diventa, con il passare del tempo, la scelta più ovvia (punto di Schelling), mentre aumenta l'aspettativa che anche gli altri compiano la stessa scelta.

« Le persone si confrontano con altre persone e si adattano alle altre persone. Ciò che una persona fa influenza ciò che un'altra persona farà. »

PUNTO DI SCHELLING

Bitcoin è un protocollo per lo scambio di valore che ha un vantaggio fondamentale rispetto al sistema fiat - è dotato di un'offerta fissa. Le valute fiat tendono a perdere potere di acquisto nel tempo perché chi le emette ha un incentivo a che vengano svalutate; Bitcoin, invece, continua la sua marcia decennale di aumento del potere di acquisto in termini reali.

Combinando questo aspetto con l'immutabilità del registro distribuito e i vantaggi offerti dal network (senza restrizioni, globale e indistruttibile), Bitcoin diventa un ovvio Punto di Schelling.

$$\sum_{i=0}^{32} 210{,}000\,\frac{50}{2^{i}}$$

COSTO OPPORTUNITÀ

Quando compiere un'attività comporta il non poterne fare un'altra.

Ogni scelta finanziaria che compiamo è un compromesso con il "sé" del futuro. Bitcoin rende questa scelta di gran lunga più semplice sul lungo termine. Come metodo superiore di conservazione del valore a lungo termine (risparmio), Bitcoin stabilisce un nuovo punto di riferimento per le decisioni sugli investimenti.

« Quando il denaro è "reale" e il suo valore può aumentare nel tempo, è probabile che le persone siano più selettive nel modo in cui lo spenderanno, dato che il costo opportunità crescerà nel tempo. »

- SAIFEDEAN AMMOUS

Anche se i rendimenti annuali di Bitcoin, visti nell'ultimo decennio, hanno attratto l'attenzione di molti, sono stati raccolti esclusivamente dai possessori che hanno rinunciato a utilizzare quel capitale per altre esigenze o opportunità, mossi dalla forte convinzione derivata dalla comprensione dei suoi principi fondamentali.

« Risparmiare denaro nella nostra società inflazionistica della Moderna Teoria Monetaria, semplicemente, non è un'opzione valida. Siamo tutti costretti a investire i nostri risparmi o a vederli dilapidare nel tempo. ».

- MORGEN ROCHARD

E così, mentre il deleterio sistema fiat continua a far ricadere l'onere di preservare la ricchezza sull'individuo, decisioni finanziarie "sane" non sono mai state così rilevanti.

COSTO OPPORTUNITÀ

 PREFERENZA TEMPORALE

La misura in cui una persona dà valore al presente rispetto al futuro.

L'orizzonte temporale con il quale operiamo determina le scelte che facciamo. Il grado di importanza che diamo al presente rispetto al futuro è noto come "preferenza temporale".

« Poiché gli esseri umani non vivono in eterno… c'è sempre uno sconto sul futuro rispetto al presente »
- SAIFEDEAN AMMOUS

Preferire risultati a breve termine può significare impegnarsi in giochi a somma zero o cercare forme di gratificazione facili e immediate. Al contrario, dare precedenza a risultati sul lungo termine può portare a ritardare il consumo presente per investire le risorse in attività più produttive in vista di benefici futuri.

Diversi fattori influenzano la preferenza temporale degli individui: la sicurezza personale, le aliquote fiscali, i diritti di proprietà, la capacità di preservare il valore in modo affidabile, ecc.

La stabilità del denaro nel tempo gioca un ruolo fondamentale nel consentire e incentivare gli individui (e le aziende) al risparmio, l'investimento e la pianificazione del futuro. In una economia fiat ad alta velocità, l'accesso al credito è cruciale, poiché la crescita nel breve termine viene sempre premiata rispetto alla redditività sul lungo termine.

E' importante precisare però che la preferenza temporale non è una scelta binaria, ma uno spettro fluido. Gli incentivi derivati dal contesto in cui si vive influenzano le nostre azioni, e il contesto è in costante evoluzione.

LA TRINITÀ IMPOSSIBILE

Una nazione sovrana non può godere contemporaneamente di flussi liberi di capitale, di una politica monetaria indipendente e di un tasso di cambio fisso.

La Trinità Impossibile (anche nota come Trilemma di Mundell-Fleming) è un crudo promemoria che ricorda ai pianificatori centrali i compromessi necessari a definire una politica monetaria internazionale.

Essa afferma che le nazioni sovrane possono perseguire solamente due delle seguenti tre opzioni:

- Tassi di cambio fissi
- Flussi liberi di capitale
- Politica monetaria indipendente

« *Il clima economico internazionale è cambiato nella direzione dell'integrazione finanziaria, e ciò ha implicazioni importanti per la politica economica.. »*

Anche se le nazioni volessero controllare e dirigere i flussi di capitale, esse non esistono in modo isolato.

Il capitale è sempre più mobile e si dirige verso i luoghi nei quali è trattato meglio. Il modello di Mundell (1963) ipotizzava una perfetta mobilità del capitale (anche se ai tempi puramente teorica) in quanto era la direzione generale verso la quale il mondo si stava spingendo nella sua visione.

Oggi Bitcoin ha riacceso i riflettori su questa teoria. Come tecnologia immutabile e davvero senza confini, utile a trasferire e conservare valore, Bitcoin rappresenta un capitale perfettamente mobile.
Questo cambia profondamente la logica e il potere delle nazioni sovrane di dirigere e influenzare la politica monetaria internazionale.

« I vincoli valutari falliscono sempre. I liberi mercati, alla fine, vincono sempre. E' solo questione di "quando" »

- CAITLIN LONG

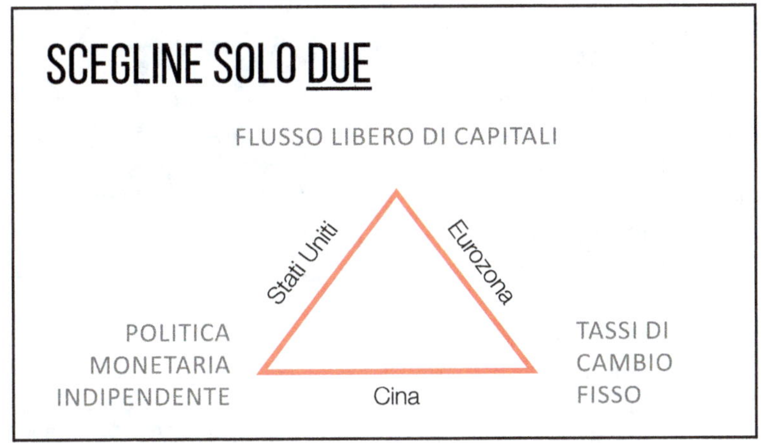

IL PARADOSSO DI JEVONS

L'osservazione del fatto che il consumo di una risorsa aumenta quando mediante il suo utilizzo si ottengono vantaggi in efficienza.

Quando una risorsa scarsa diventa più abbondante, possiamo aspettarci di consumarne di più a causa del calo dei costi. Ciò può derivare dalla scoperta di nuovi depositi di questa risorsa, dall'implementazione di nuovi metodi di estrazione, ma può anche derivare dall'incremento dell'efficienza con cui viene consumata (producendo di più, ma utilizzando lo stesso input).

Il guadagno in efficienza dato dal consumo ha lo stesso effetto dell'aumento in quantità: la domanda di quella risorsa cresce. Questo è, in poche parole, il paradosso di Jevons. In nessun altro contesto questo concetto emerge in maniera più evidente che nel contesto delle risorse energetiche.

Alla fine del 1700, il popolo inglese credeva che le riserve di carbone fossero limitate e si stessero esaurendo più velocemente di quanto potessero essere ricostituite. Ciò nonostante, le limitazioni generarono innovazione e la macchina a vapore di James Watt avrebbe presto espanso, in modo drastico, il ruolo del carbone come fattore di produzione energetica.

WILLIAM STANLEY JEVONS

« È una confusione di idee supporre che un utilizzo economico del carburante equivalga a una riduzione del suo consumo. La verità è esattamente il contrario. »

Fonte: Energy & Civilization Smil (2017)

William Jevons sottolineò le probabili ripercussioni della macchina a vapore di Watt nell'aumento della domanda di carbone. La sua teoria si dimostrò corretta nei decenni a venire, quando il carbone diventò indispensabile nella produzione, nel trasporto e persino nell'estrazione del carbone stesso.

IL PARADOSSO DI JEVONS

« Un elemento fondamentale dell'ingegneria energetica, un esempio impressionante di come ogni transizione a una nuova forma di approvvigionamento energetico debba essere alimentata dal massiccio impiego di energie e motori esistenti. »

- VACLAV SMIL

La relazione tra energia e denaro è innegabile e ineluttabile. Molte persone, nel corso della storia moderna, hanno proposto un denaro legato all'energia come metodo per rimuovere il controllo centralizzato e i rischi morali dall'equazione. Tuttavia, nessuno è stato in grado di progettarlo o implementarlo con successo. Fino a Satoshi Nakamoto.

Il meccanismo di consenso "proof-of-work" di Bitcoin fornisce un incentivo economico allo sfruttamento delle risorse energetiche nel modo più efficiente possibile, che viene determinato da chi si accolla il costo per acquisirle.

Sebbene l'uso dell'energia da parte di Bitcoin come meccanismo di sicurezza sia spesso bersaglio dei detrattori, gran parte dell'argomento si riduce alla premessa secondo cui tutta l'energia disponibile nel pianeta è nota, limitata o finita. Ciò presuppone che gli esseri umani non siano in grado di produrre innovazioni che aumentino l'energia generata da una fonte di combustibile, il che, come sappiamo, è falso.

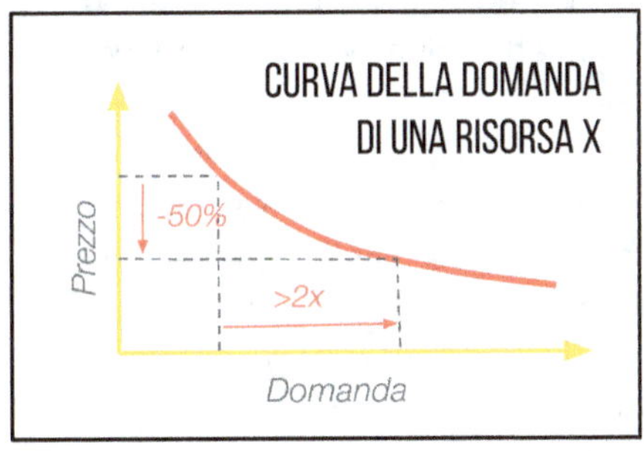

LEGGI DI POTENZA

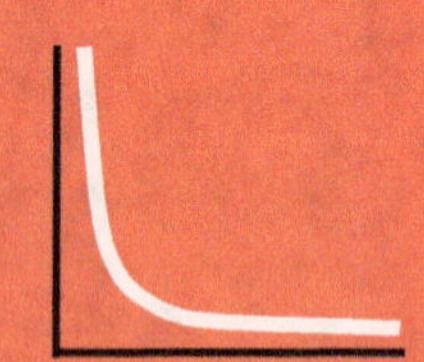

Le leggi di potenza sono utili per spiegare la correlazione in determinate relazioni non lineari e si possono trovare in vari campi, dalla linguistica, alla biologia, all'astronomia. L'idea di base è che piccoli cambiamenti in una cosa si traducono in grandi cambiamenti in un'altra ad un ritmo in qualche modo costante.

In economia, le leggi di potenza sono spesso rappresentate graficamente come distribuzioni di probabilità. Uno degli esempi più noti è il principio di Pareto (noto anche come la regola 80/20), in cui circa l'80% dei risultati può essere attribuito al 20% degli input. Applicando questo principio a un mercato, otteniamo uno scenario in cui il 20% dei produttori ottiene l'80% della quota di mercato, prendendo le sembianze di un grafico a coda lunga.

Distribuzioni simili (sebbene non rigorosamente leggi di potenza) possono essere osservate in vari aspetti di Bitcoin: mining pools che attirano potenza computazionale, vendite di hardware wallet di diversi produttori, la distribuzione di Bitcoin detenuti sui vari indirizzi, ecc.

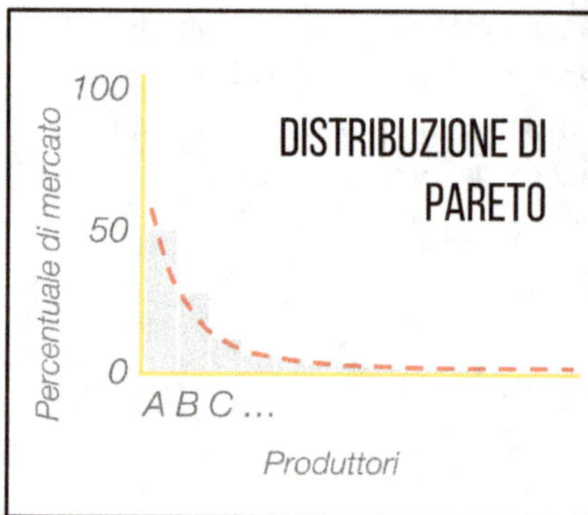

LEGGI DI POTENZA

L'EFFETTO "CHI VINCE PIGLIA TUTTO"

Proprietà secondo cui, in alcuni mercati, lievi vantaggi sui concorrenti portano alla conquista di tutto o della maggior parte del mercato.

Alcuni mercati sono competizioni del tipo "chi vince piglia tutto", nei quali l'offerta più utile è l'unica necessaria. In queste situazioni, lievi vantaggi in termini di prestazioni o valore fornito possono portare alla conquista dell'intera torta.

« Il denaro è una rete. Alcune reti sono singolari, cioè "chi vince piglia tutto". Il denaro è una di queste reti. »

- GIGI

Questo effetto si verifica in modo più evidente quando la convergenza verso uno standard comune offre agli utenti il massimo beneficio, stimolando i cosiddetti effetti di rete (vedi punto di Schelling).

Gli esseri umani gravitano in modo naturale verso l'uso di una sola moneta comune all'interno di una specifica regione di un mercato libero; questo perché ciò ci fornisce il più ampio ventaglio di opzioni sul più ampio numero di partner commerciali e ci offre la maggiore liquidità. L'unanimità va nel nostro stesso interesse.

« In ultima analisi, i sistemi monetari convergono su un unico mezzo perché la loro utilità è la liquidità. E la liquidità si consolida sulla più sicura riserva di valore nel lungo termine. »

- PARKER LEWIS

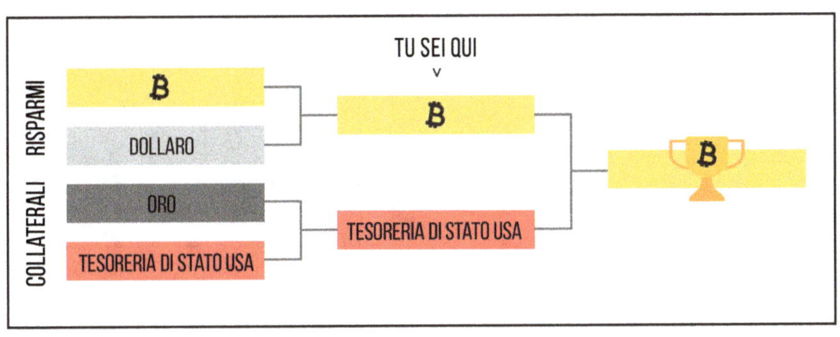

BIAS DELL'UNITÀ

Il ragionamento errato secondo cui una singola unità deve essere l'importo appropriato con cui fare valutazioni e confronti.

Confrontare Bitcoin a riserve di valore con cui è in competizione basandosi unicamente sul prezzo unitario è illogico, in quanto non si tiene conto della capitalizzazione di mercato totale (unità totali per prezzo di una singola unità).

Gran parte di questa confusione deriva dall'ignoranza sulla attuale divisibilità di bitcoin: fino a otto cifre decimali (e 11 sulla rete Lightning). Come recita il mantra, "puoi comprare anche una frazione di Bitcoin".

In realtà, questo livello di granularità contribuisce a renderlo non solo desiderabile ma anche pratico come denaro digitale.

L'innovazione dirompente di Satoshi Nakamoto sulla scarsità digitale significa che i possessori detengono una quota non diluita di una risorsa finita a tempo indeterminato. Lo stesso non si può dire per nessun'altra riserva di valore o bene rifugio.

Visto attraverso questa lente, Bitcoin rappresenta solo una goccia nell'oceano se paragonato a intere classi di attività e depositi di ricchezza simili.

« La volontà di possedere un'intera unità di una criptovaluta porta molti investitori a credere erroneamente che le criptovalute concorrenti siano più convenienti perché le singole unità di quelle valute hanno un prezzo inferiore. »

- VIJAY BOYAPATI

> **1.00000000 BITCOIN**
> —
> **100,000,000 SATOSHIS**
> —
> **100,000,000,000 MILISATOSHIS** 

I BENI DI VEBLEN

Quando il reddito di una persona aumenta, questa potrà spendere di più per acquisire merci. Il tipo di beni che tipicamente registra una maggiore domanda con gli aumenti dei salari (ad es. ristoranti, elettronica, vacanze, ecc.) sono noti come beni normali.

Al contrario, i beni di Veblen sono un'anomalia economica in cui la domanda aumenta all'aumento del prezzo. Questa definizione è comunemente usata per descrivere la psicologia comportamentale che riguarda alcuni beni di lusso, per i quali il produttore limita artificialmente l'offerta creando così scarsità.

Sebbene parte della futura domanda di Bitcoin possa derivare dal suo ruolo di status symbol, la più probabile forza trainante per la domanda sarà la sua assoluta scarsità come riserva di valore. Man mano che la domanda di Bitcoin aumenta, il prezzo sale, creando maggiore liquidità. Man mano che la liquidità si dilata, partecipanti più grandi entreranno nel mercato.

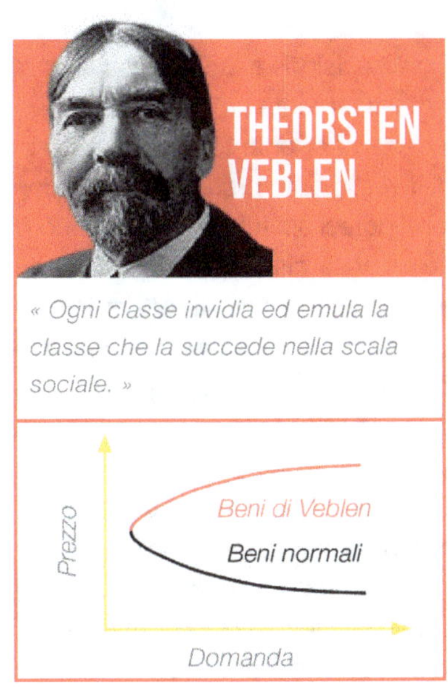

« La domanda di Bitcoin aumenta all'aumentare del prezzo. Perché? Perché la liquidità è un effetto di rete e nel caso di Bitcoin non c'è un aumento compensativo dell'offerta. »

- PIERRE ROCHARD

MALINVESTIMENTO

Ogni decisione a lungo termine implica intrinsecamente un certo grado di incertezza. Pertanto, tutte le decisioni di investimento prese oggi richiedono di fare ipotesi sul futuro. Questa può essere un'impresa difficile quando le forze di mercato sono distorte e/o represse. È come cercare di usare una bussola quando il tuo punto di riferimento continua a cambiare.

In un senso più pratico, possiamo guardare al fenomeno delle "aziende zombie" (imprese che non sono in grado di pagare gli interessi sui loro debiti). La loro sopravvivenza dipende dalla possibilità di rifinanziare a tassi sempre più bassi o di contrarre ulteriori prestiti. Quindi, sono essenzialmente "morti che camminano".

« Il governo non gode di un sistema di prezzi libero e di criteri di profitto e di perdita, e può solo vagare a tentoni, "investendo" ciecamente senza essere in grado di farlo in modo appropriato, nei giusti settori, nei giusti prodotti o nei giusti luoghi. Verrà costruita una bella metropolitana, ma non saranno disponibili le ruote per i treni; una diga enorme, ma non ci sarà rame per le linee di trasmissione. »

RICOMPENSA ASIMMETRICA

Investimenti in cui il potenziale di rialzo è sproporzionatamente maggiore al rischio di ribasso.

Quando si prende una decisione di investimento, calcoliamo le probabilità della gamma di possibili risultati. In alcuni casi, questi risultati possono essere non lineari, il che significa che il valore dell'investimento cambia in modo tale che può aumentare proporzionalmente, invece di diminuire.

Ad oggi, Bitcoin si comporta un po' come un'opzione, dove gli esiti più probabili sono binari: o ha successo o non lo ha. In questo senso, il rischio di ribasso è limitato a zero (se dovesse subire un evento catastrofico). Allo stesso tempo, il suo potenziale di rialzo è di ordini di grandezza superiore (se diventasse la principale riserva di ricchezza globale).

L'asimmetria della ricompensa può derivare solo da un'asimmetria di informazioni. Se tutti capissero davvero Bitcoin, sarebbe già completamente monetizzato. Oggi, gran parte del mondo non ha ancora compreso a pieno le superiori proprietà monetarie di Bitcoin, e fino a quando questo non succederà, il potenziale di rialzo resterà una funzione della domanda crescente che si scontra con una offerta anelastica.

« Possiamo discutere se Bitcoin sarà un grosso affare in futuro o no. Ma non credo si possa discutere sul fatto che, se lo sarà, avrà una enorme coda destra (enormi guadagni) »

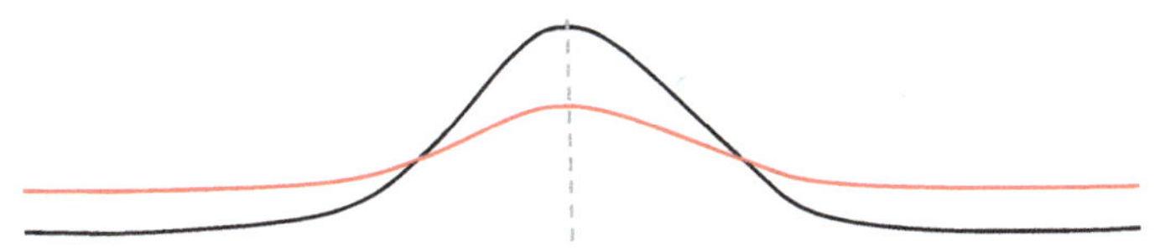

MATRICE DI ANSOFF

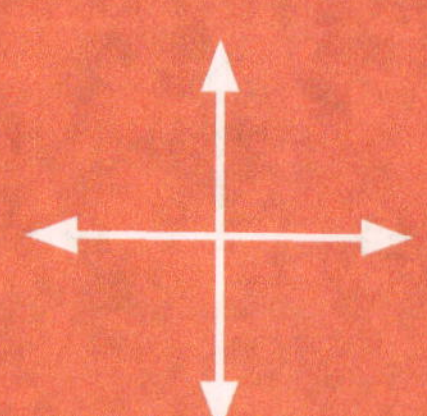

Uno schema strategico che descrive le opportunità di crescita di un prodotto attraverso linee e mercati.

Il potenziale di crescita e il mercato totale di Bitcoin diventano più chiari quando lo si considera un prodotto (reale denaro digitale) che serve più mercati contemporaneamente. La matrice di Ansoff è una guida utile per questo esercizio. Questa delinea quattro strategie di crescita alternative per un'organizzazione in merito allo sviluppo di un prodotto e/o di un mercato:

1. Penetrazione del mercato: aumentare l'adozione/saturazione di un prodotto già esistente in un mercato già esistente.

2. Sviluppo del prodotto: lancio di un nuovo prodotto su un mercato già esistente.

3. Sviluppo del mercato: portare un prodotto che esiste già in un mercato nuovo.

4. Diversificazione: lancio di un nuovo prodotto su un nuovo mercato.

« *Sfruttando le opportunità che corrispondono alle sue forze, l'azienda può ottimizzare gli effetti sinergici.* »

MATRICE DI ANSOFF

Bitcoin offre una tecnologia di risparmio su scala e la rete Lightning offre una tecnologia di pagamento per transazioni su scala.

Il primo, protegge principalmente la ricchezza dalla confisca, dalla diluizione e dalla censura (competendo con banche centrali e reti di liquidazione). Il secondo consente di inviare e ricevere micropagamenti Bitcoin ovunque nel mondo, senza requisiti di verifica (competendo con fornitori di rimesse, processori di pagamento e la stessa valuta fisica fiat).

Il fatto che il denaro sonante sia stato reso un "prodotto" sotto il nome di "Bitcoin" come un marchio riconoscibile è forse uno degli aspetti meno apprezzati della curva di adozione. Bitcoin non solo ha margini di crescita in termini di saturazione globale (orizzontalmente), ma anche in termini di peso di allocazione all'interno dei portafogli esistenti di individui e aziende (verticalmente).

Sebbene l'interesse per una forma di ricchezza resistente all'inflazione possa rappresentare un motore di crescita oggi, non dovremmo sottovalutare i nuovi casi d'uso e le fonti di domanda per questo strumento.

« Bitcoin apre le porte a nuovi casi d'uso finanziari che prima non erano possibili. Ciò aumenta la dimensione della torta economica, generando così ricchezza per la società. »

- BRANDON QUITTEM

PARTE II:
Tecnologia e Sistemi

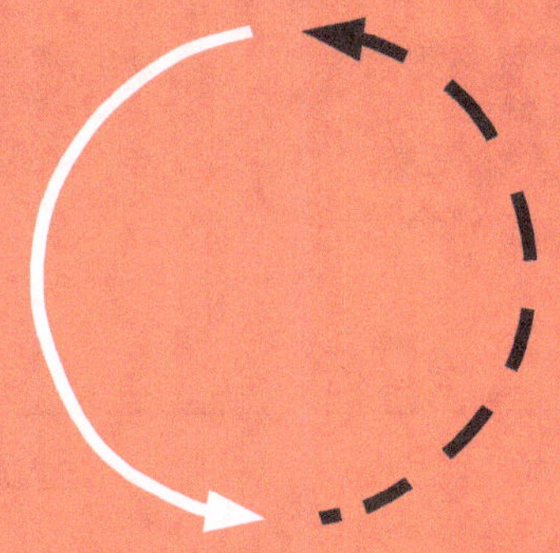

ORDINI DI GRANDEZZA

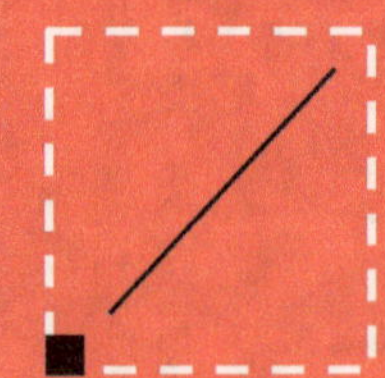

Gli ordini di grandezza sono un'utile scala di misurazione quando si analizza l'andamento di tecnologie e trend fondamentalmente dirompenti. Pensare in termini lineari può portare a non comprendere adeguatamente la natura di una crescita esponenziale, che spesso si verifica a tappe (vedi il ciclo di hype di Gartner) raffigurato come una serie di curve a S.

Questo strumento può essere utilizzato anche per esaminare il prezzo unitario di Bitcoin nel tempo (una misura quindi della domanda). Utilizzare la scala logaritmica per osservare il cambiamento relativo, invece della scala lineare (variazioni assolute), ci permette di far emergere una notevole tendenza esponenziale sul lungo termine.

Questo significa che è in corso un cambiamento permanente nella tecnologia moneta

« Quando l'adozione di una rete monetaria aumenta di un ordine di grandezza (x10), le possibili connessioni di rete aumentano di due ordini di grandezza (x100). »

- PARKER LEWIS

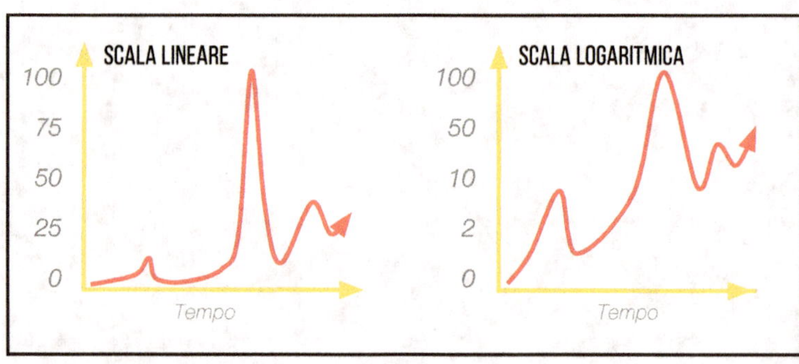

ORDINI DI GRANDEZZA

LA REGOLA DEL "PER 10"

Per ottenere una vasta diffusione, una nuova tecnologia deve offrire un vantaggio almeno dieci volte maggiore rispetto al suo predecessore o suoi sostituti.

Coniato da Peter Thiel nel libro "*Zero to One*" (2014), questo principio euristico suggerisce che una nuova tecnologia deve essere "almeno dieci volte migliore" degli eventuali sostituti nel soddisfare un bisogno perché questa ottenga la trazione necessaria e sbaragliare la concorrenza.

Bitcoin offre una serie di questi importanti "vantaggi x10" rispetto al sistema finanziario tradizionale e ai metodi attuali di conservazione della ricchezza:

- accessibilità (24/7/365)
- finalità della transazione
- costi di stoccaggio, manutenzione e trasporto
- resistenza alla censura
- verificabilità indipendente
- ridondanza di rete

Quando utilizzato in sinergia con la rete Lightning per transazioni di valore inferiore e frequenza più elevata, Bitcoin rompe il modello di compromessi impliciti di cui soffre una normale rete monetaria di strumenti al portatore.

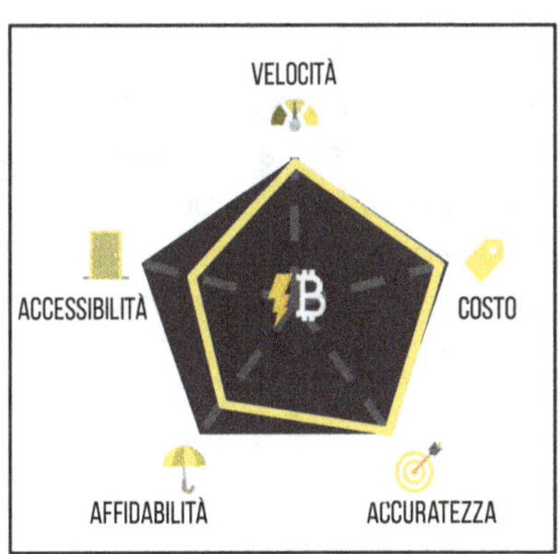

Solo a scopo illustrativo

EFFETTI DI RETE

Il fenomeno per il quale ogni utente aggiunto a una rete aggiunge valore e utilità in quantità sproporzionatamente maggiore.

Le reti sono il modo in cui trasportiamo merci, persone e informazioni da A a B. I metodi che offrono vantaggi significativi (ad esempio, velocità, costo, accessibilità, affidabilità, precisione) attirano utenti, rendendo quindi la rete più attraente per altri utenti.

Le reti digitali che sono superiori in una o più di queste dimensioni possono mostrare una rapida crescita esponenziale a causa degli effetti di rete (anche noti come Legge di Metcalfe) poiché possono operare su scala globale, andando così a creare un mercato unico.

« Nella teoria delle reti, il valore di un sistema cresce approssimativamente come il quadrato del numero di utenti del sistema. »

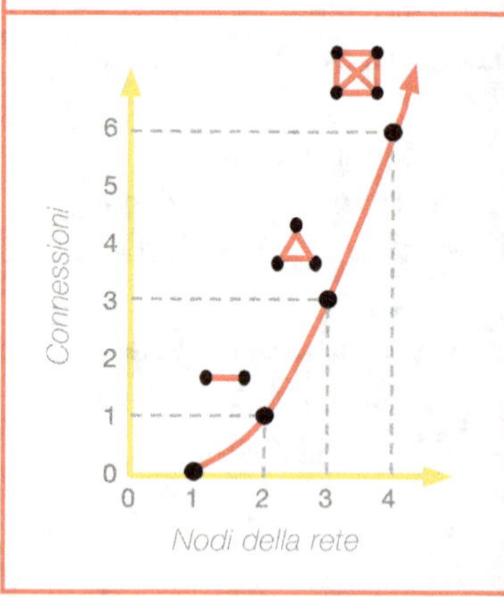

« Credo che la nostra biologia evolutiva ci renda programmati a sottostimare costantemente il potenziale degli effetti delle reti tecnologiche moderne, dato che nulla di simile è presente nella nostra storia. »

- ROSS STEVENS

EFFETTI DI RETE

La rete Bitcoin attualmente consiste in migliaia di nodi (che eseguono uno specifico software) e infrastrutture di mining (che calcolano quintilioni di hash al secondo) in tutto il mondo.

Utilizzare questa rete per il trasferimento di valore offre il vantaggio di scambi senza bisogno di autorizzazioni e resistenti alla censura con la garanzia di una definizione finale del pagamento in un'unità che non può essere diluita. È un miglioramento sorprendente rispetto al sistema in vigore.

TASSO DI ABBANDONO

Il tasso di abbandono degli utenti, spesso espresso come una percentuale.

Il "churn" è definito come il tasso di abbandono degli utenti. Il concetto è utile per stabilire se una particolare tecnologia si trova su una traiettoria di crescita (adozione > abbandono).

Un modo per misurare l'adozione di Bitcoin è osservare la migrazione netta di capitale dal sistema fiat a Bitcoin. L'aspetto più rilevante è che questo miglioramento monetario è permanente, con un numero sorprendentemente basso di utenti di Bitcoin che tornano al denaro fiat come principale riserva di valore.

Le proprietà superiori di Bitcoin sono difficili da ignorare una volta che i concetti vengono interiorizzati. E' stata riaperta la competizione monetaria per la conservazione e la trasmissione di valore. Questa velocità di adozione netta ha implicazioni estremamente tangibili per un strumento che ha un'offerta finale fissa.

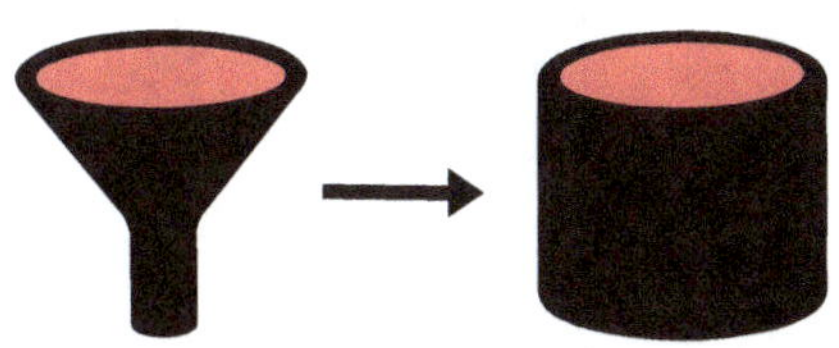

ATTRITO

L'attrito, all'interno di un processo o di un sistema, aumenta la quantità di energia necessaria per superarlo. Pensiamo a un semaforo in un incrocio trafficato. Il suo scopo è aumentare l'attrito per i veicoli in modo che le collisioni siano meno probabili. Un altro esempio sono le banche commerciali che introducono (o comunque non eliminano) l'attrito per riscuotere commissioni, aumentare il controllo e ridurre le frodi.

Trasmettere valore oggi attraverso il sistema finanziario tradizionale è un'esperienza che ha profonde radici nell'era industriale. Sebbene la maggior parte del valore venga oggi trasmesso digitalmente, i ritardi, la frammentazione, gli oneri regolatori e i rischi di censura sono comunque gli stessi.

Bitcoin è stato progettato per essere un denaro nativamente digitale, consentendo transazioni peer-to-peer. L'attrito nella risoluzione finale dei pagamenti è ridotto sostituendo gli intermediari e le vecchie autorizzazioni con incentivi economici trasparenti (proof of work) e verificabilità indipendente (trasparenza). Il risultato è un sistema con maggiore libertà di espressione, costi di transazione inferiori, maggiore velocità di definizione dei pagamenti, maggiore innovazione e maggiore accessibilità.

« Tutto ciò che si muove deve muoversi attraverso qualcosa, anche l'informazione. »

- FARNAM STREET

ATTRITO

Il protocollo Bitcoin ha trasformato il denaro in pura informazione, permettendogli di sfruttare i metodi di comunicazione e le reti più appropriate. In quanto tale, Bitcoin continuerà a beneficiare dell'innovazione collettiva nelle telecomunicazioni e nella tecnologia dell'informazione.

« Prima del browser, qualcuno guardava a TCP/IP e diceva: "Oh mio Dio, questa cosa sposta informazioni da qualsiasi luogo a qualsiasi altro luogo in tempo reale ed è gratis! Cambierà il mondo dell'informazione per sempre." Beh, aspetta. Sì, ma non ora. Non per 20 anni. Lo stesso vale per Bitcoin. »

- WENCES CASARES

ROBERT BREEDLOVE

« In informatica, un protocollo è un insieme di regole che governano la trasmissione dei dati. Internet è un'integrazione di quattro strati successivi di protocolli open source. In questo contesto, Bitcoin può essere considerato il quinto strato del protocollo internet. »

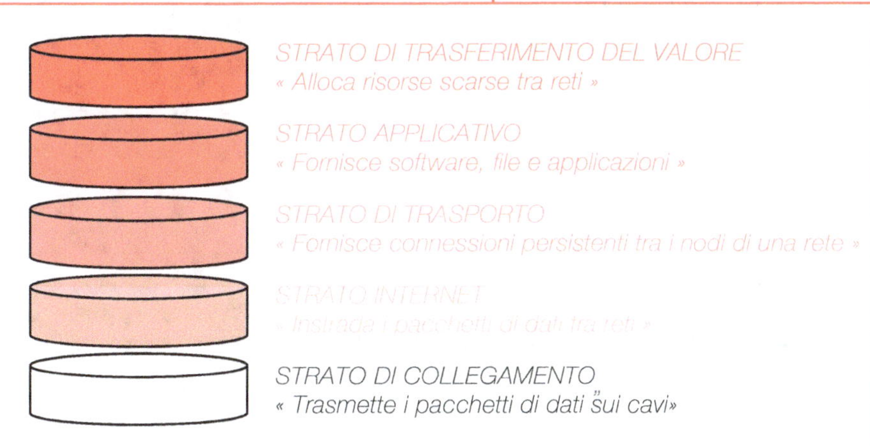

RISULTATI ACCELERATI

Il cambiamento tecnologico accelera mentre gli esseri umani continuano a introdurre innovazioni sulla base di un ventaglio sempre crescente di tecnologie esistenti.

Nelle sole due decadi precedenti, abbiamo assistito a mutamenti comportamentali permanenti nei settori della vendita al dettaglio, dell'intrattenimento, dei trasporti, dei servizi di ristorazione e delle telecomunicazioni. Il denaro, in quanto tecnologia, non è immune a questi cambiamenti radicali.

La transizione da un ordine monetario a un altro non è un evento del quale molte persone sono state testimoni (vedi Relatività). Per questo motivo, l'idea che possa accadere durante la tua vita sembra improbabile. Ammettere a noi stessi che non siamo bravi a prevedere i cambiamenti tecnologici è il modo corretto per restare aperti mentalmente abbastanza da cogliere queste opportunità quando effettivamente si verificano.

RAY KURZWEIL

« Quando si tratta di storia, pensiamo in linee rette. [Ma] per pensare al futuro in modo corretto, bisogna immaginare che le cose si muovono a un ritmo molto più veloce di quanto non si stiano muovendo ora. »

- TIM URBAN

EFFETTI DI ORDINE SUPERIORE

In quanto tecnologia monetaria e rete realmente innovativa, Bitcoin altera fondamentalmente e in modo permanente il nostro mondo. Le persone reagiranno a questo cambiamento, e ci saranno reazioni a quelle reazioni. Man mano che Bitcoin cresce, sia in termini di adozione che di valore immagazzinato, così crescerà anche l'impatto di queste reazioni. Anche allora, molte delle ripercussioni che deriveranno dalla creazione di Bitcoin rimangono sconosciute e inconcepibili.

« Cambiare un aspetto di un sistema complesso introduce sempre Effetti di Secondo Ordine, alcuni dei quali possono essere antitetici all'intento originale del cambiamento stesso. Gli elementi possono essere interconnessi o dipendenti l'uno dall'altro in milioni di modi diversi. »

- JOSH KAUFMAN

JEFF BOOTH

« Molte persone si concentrano sugli effetti di primo ordine, pensando al breve termine. Al contrario, non investono del tempo per considerare gli effetti di secondo e terzo ordine delle azioni, il che porta a riporre troppa fiducia in un sistema che alla fine fallirà. »

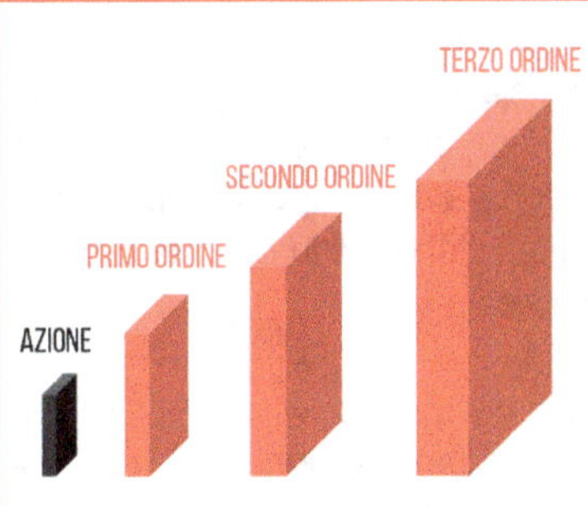

DISTRUZIONE CREATIVA

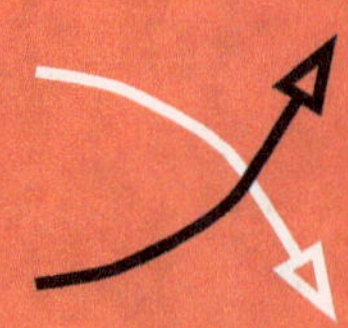

Il ciclo di nuovi imprenditori che innovando, rendono obsoleti quelli attuali all'interno di un libero mercato.

L'innovazione è quel processo che combina strumenti e risorse esistenti in qualcosa di completamente nuovo e utile alla società. Essa trasforma continuamente gli incentivi che governano il nostro comportamento, il che disturba chi è già stabilito nel mercato e i modelli di business esistenti che si basano sul mantenimento dello status quo.

Tali progressi possono provenire da qualsiasi campo (ad esempio, ingegneria chimica, trasporto merci, informatica, ecc.) e portare a un fondamentale cambiamento a step dei modi in cui è organizzata la società.

Le industrie protette dalla loro posizione di monopolio o con barriere d'ingresso artificialmente elevate, soccombono, dunque, alla distruzione creativa a un ritmo più rapido a causa del sottoinvestimento prolungato in ricerca e sviluppo.

DISTRUZIONE CREATIVA

Proprio come quando lo smartphone ha reso obsoleti una serie di beni (ad esempio, giornali, elenchi telefonici, sveglie, ecc.), Bitcoin sta rendendo immateriali i depositi di valore fisici, introducendo uno strumento digitale globale e matematicamente scarso.

- BUCKMINSTER FULLER

Quando utilizzato in combinazione con la rete Lightning, Bitcoin stravolge il sistema delle banche centrali, delle valute sovrane e delle reti globali di liquidazione offrendo un'alternativa parallela, aperta, e priva di barriere e protezioni.

- ERIC WEISS

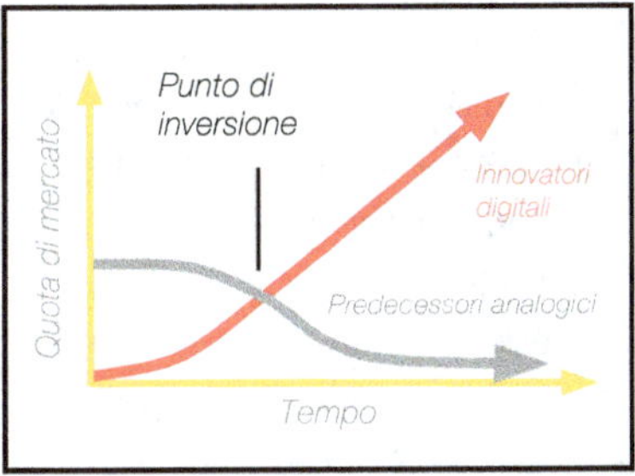

RETROAZIONE

Il sistema fiat è un tentativo di pianificare e gestire, mediante un organismo centrale, quello che invece è un sistema adattivo complesso che emerge in maniera spontanea. Ogni volta che si riscontra un risultato economico "indesiderabile", questo feedback viene utilizzato per giustificare delle modifiche, che vengono poi aggiunte al design del sistema stesso. Oltre a introdurre bias personali ignoti e rischi morali nelle decisioni, il processo è interamente arbitrario e soggetto a cambiamenti.

Nel tempo, questi interventi compensativi si accumulano, provocando impulsi con frequenza e volatilità sempre maggiori. Come un'auto alla quale si danno sterzate continue in direzioni opposte; alla fine, si perderà del tutto il controllo.

Ipotizziamo di contrastare questo fenomeno con un sistema monetario che invece non risponde alla domanda e al feedback economico che riceve dall'esterno. Bitcoin funziona esattamente come descritto nel suo codice sorgente pubblico, infondendo così grande fiducia nella sua continua operatività.

Qualsiasi risposta del sistema può essere riflessa solo attraverso cambiamenti nella domanda, generando molteplici effetti retroattivi di rinforzo su variabili come: hashrate, prezzo e adozione della tecnologia.

RETROAZIONE

« L'economia basata sul mercato è un motore progettato per investigare usi più efficienti del capitale premiando le imprese di successo e penalizzando quelle non vincenti. Un sistema monetario solido (come Bitcoin) migliora questo motore economico imbrigliando il meccanismo di retroazione. »
- BRENDON QUITTEM

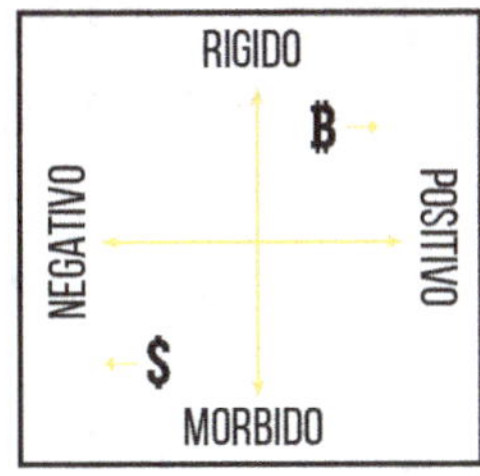

CONCETTO CORRELATO

RIFLESSIVITÀ

La relazione circolare tra i partecipanti a un mercato e il sentimento generale, che rende difficile determinare i rispettivi effetti.

I partecipanti a un mercato e l'attitudine che esprimono possono creare un ciclo riflessivo, in cui le aspettative sul futuro deviano significativamente (positivamente o negativamente) dai fondamentali economici o dalle medie storiche.

Reazioni eccessive nei mercati sono il risultato di diversi fattori che si sommano fra loro:

- I partecipanti hanno informazioni incomplete o inaccurate
- I partecipanti sono soggetti a vari bias o preconcetti
- Il sentiment generale può essere manipolato o influenzato da vari interessi

Il percorso di monetizzazione di Bitcoin è stato finora caratterizzato da diversi cicli di prezzo di grande rialzo e grande ribasso. A questo stadio iniziale della sua maturità, Bitcoin continuerà probabilmente ad agire in modo riflessivo per diverso tempo.

« Il concetto di riflessività è fondamentale per comprendere situazioni che si compongono di partecipanti pensanti. La riflessività rende la capacità di comprensione dei partecipanti imperfetta e assicura che le loro azioni avranno conseguenze non volute. »

RELATIVITÀ

Quando si è parte di un sistema, può essere difficile fare un passo indietro e acquisire una visione d'insieme.

La relatività, in senso generale, implica che l'esistenza di qualcosa dipende da un'altra entità per il suo significato o per il suo contesto.

Questo concetto è utile da considerare in ambito monetario perché ci ricorda che molteplici forme sono esistite in passato e coesistono anche oggi. Metterle a confronto ci permette di determinare quali tratti generano produttività e quali sono più inclini al decadimento.

Va anche preso in esame ciò che il mercato ha storicamente preferito come moneta e ne vanno comprese le motivazioni. Dalle conchiglie e il sale, al bronzo e all'oro, le forme primitive e metalliche di denaro richiedevano una qualche forma di dispendio energetico per essere raccolte o estratte (vedi Termodinamica) come un meccanismo naturale di protezione verso un aumento smisurato di offerta o vantaggi non dovuti.

Facendo un passo indietro, appare evidente che stiamo vivendo un esperimento monetario altamente anomalo che inibisce la nostra capacità di risparmiare, pianificare ed effettuare scambi. In oltre 5.000 anni di storia monetaria registrata, la valuta fiat controllata dal governo esiste solo da circa cinquant'anni.

PRIMA LEGGE DELLA TERMODINAMICA

All'interno di un sistema isolato, l'energia non può essere né creata né distrutta. Può solo essere trasformata.

Per spiegare il legame tra termodinamica e Bitcoin, bisogna cominciare dalla comprensione di ciò che è la "merce". Come categoria di beni economici, le "merci" possiedono la proprietà di fungibilità, tale per cui il mercato non fa distinzioni tra chi le ha prodotte.

Tutte le "merci" (metalli, prodotti agricoli, energia) richiedono una qualche forma di conversione energetica nel loro processo di estrazione o di coltivazione. Che si tratti di bestiame che consuma mangimi o di un escavatore che brucia diesel, non c'è modo di evitare questo processo. Bitcoin rappresenta la prima commodity esclusivamente digitale al mondo, che lega sé stessa all'energia spesa (per il calcolo computazionale) nel mondo fisico.

« Non esistono scorciatoie per eseguire questi calcoli; motivo per cui la fisica intrinseca alla computazione - il processo puramente fisico di invertire i bit - è innegabilmente incorporata nelle informazioni che vengono prodotte. »

- GIGI

Tuttavia, a differenza di altre commodities, il tasso di emissione di Bitcoin è predeterminato e non è influenzato dalle fluttuazioni della quantità di energia impiegata nella sua produzione. Questo attributo è fondamentale perché Bitcoin sia appetibile come forma di denaro. La sua emissione è perfettamente meritocratica e l'offerta è nota, verificabile e definitiva.

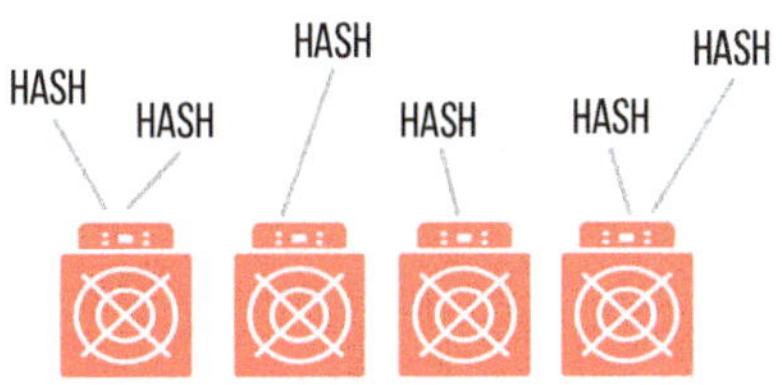

I miners spendono potenza computazionale (convertendo l'elettricità in hash e dissipando calore) alla ricerca di un numero casuale noto come "nonce". Quando l'hash risultante viene unito ai dati delle varie transazioni, può consentire ai minatori di ricevere una ricompensa se soddisfa i parametri correnti.

Questo processo aumenta l'immutabilità delle transazioni già confermate e finalizzate, aumentando l'eventuale costo da sostenere per alterare la storia.

Dover sostenere costi per utilizzare delle risorse nel mondo reale incentiva i miners a sottoporre lavoro conforme alla rete, soprattutto quando la validazione si limita ad un'operazione matematica. Il tentativo di includere una transazione non valida in un blocco proposto verrebbe rapidamente rilevato e rifiutato dai nodi, ma il lavoro computazionale eseguito sarebbe già stato sacrificato.

« I meccanismi di consenso che non implicano lavoro… implicano un controllo esterno. »

- LYN ALDEN

Il meccanismo di consenso "proof of work" di Bitcoin consente a degli estranei di raggiungere un accordo su quali indirizzi contengono Bitcoin e quali no; senza necessità di intermediari, a intervalli regolari.

« Bitcoin rappresenta una robusta immutabilità storica secondo le leggi della termodinamica. Abbiamo bisogno di un solo registro immutabile proof-of-work. »

- ANDREAS ANTONOPOULOS

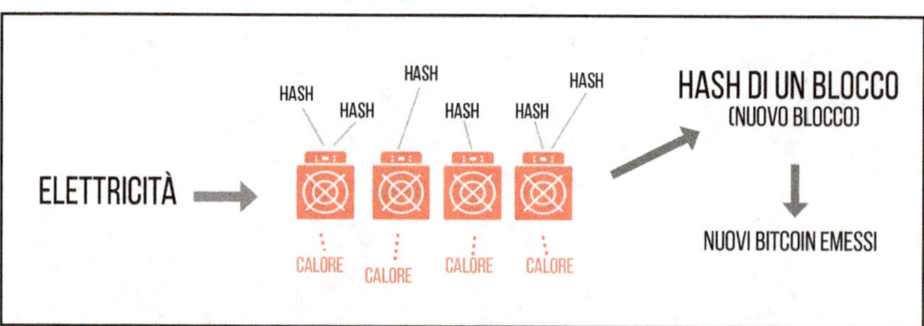

LA SECONDA LEGGE DELLA TERMODINAMICA

L'entropia dell'universo aumenta sempre con il passare del tempo.

L'entropia termodinamica può essere considerata una misura del disordine o della casualità di un sistema. Minore entropia, minore casualità; maggiore entropia, maggiore casualità.

Le informazioni su come cambia lo stato di un sistema devono essere osservate, elaborate e infine registrate da qualche parte.

Nel nostro mondo, un sistema ordinato, come un essere umano o come la blockchain di Bitcoin, richiede un input costante di energia in modo che possa essere svolto del lavoro utile a costruire e mantenere l'ordine. Il risultato di questo processo è il calore che non può più svolgere alcun lavoro utile. Presi insieme, il sistema ordinato e l'energia consumata per mantenerne l'ordine, oltre al calore di scarto prodotto, aumentano l'entropia finale dell'universo nel suo insieme, in coerenza con la seconda legge della termodinamica.

Ma questo è un processo a senso unico. Non si può più ricombinare il calore emesso con il corpo di un essere umano e riottenere il cibo che ha già consumato. Allo stesso modo, con la blockchain di Bitcoin, la seconda legge della termodinamica garantisce che l'orologio di Bitcoin possa funzionare solo in un modo, e il suo passato è sempre più definito da una soglia termodinamica in continua crescita.

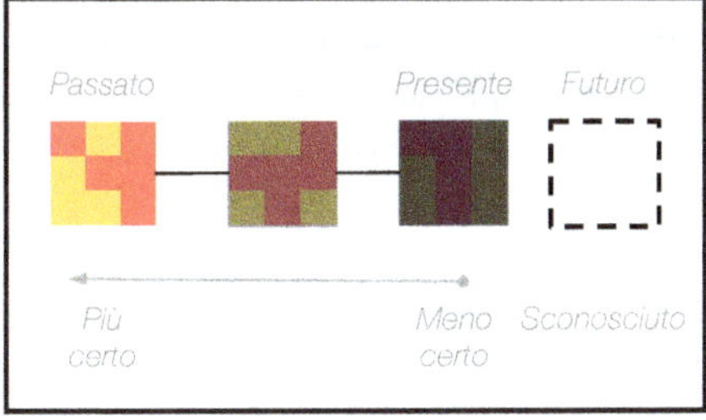

LA SECONDA LEGGE DELLA TERMODINAMICA

LA LINEA DEL TEMPO

Stabilire il movimento unidirezionale del tempo distinguendo il passato dal presente.

Una catena è una serie di collegamenti. Bitcoin crea una sequenza storica a prova di manomissione, collegando costantemente il blocco più recente al penultimo. Le informazioni contenute in ciascun blocco agiscono come il cemento che si asciuga a strati, diventando sempre più difficile da cambiare con il passare del tempo.

La produzione di blocchi avviene a intervalli regolari, indipendentemente dalla potenza di calcolo diretta alla rete, grazie a un ingegnoso meccanismo che regola il livello di difficoltà necessario per trovare il numero "nonce" e soddisfare così una velocità media fissa - un blocco ogni 10 minuti.

«L'unica cosa che sta davvero ticchettando nella rete Bitcoin è l'orologio globale: un orologio a blocchi, dove ogni blocco è un'unità di tempo »

- GIGI

Il protocollo Bitcoin crea così un flusso coerente di informazioni forgiato dalla conversione di energia e reso definitivo dalla seconda legge della termodinamica. Esso ci fornisce la capacità di distinguere il passato dal presente e di stabilire in modo indipendente la direzione del tempo.

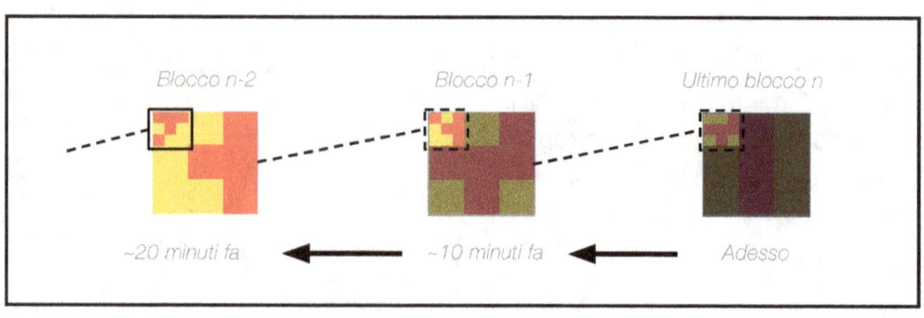

LA SECONDA LEGGE DELLA TERMODINAMICA

TEORIA DELL'INFORMAZIONE

Come viene comunicata, memorizzata e quantificata l'informazione digitale.

La teoria dell'informazione è lo studio di come l'informazione digitale viene comunicata, memorizzata e quantificata. Alla base, questo concetto descrive la capacità di un ricevente di ricostruire accuratamente un messaggio quando si trova di fronte a un canale rumoroso (caratterizzato da interferenze esterne).

Nel caso di una rete monetaria, la ridondanza della memorizzazione delle informazioni è fondamentale. La rete di nodi indipendenti di Bitcoin consente il recupero, la ricreazione e la validazione dell'intera catena anche con un solo altro componente.

Questa caratteristica consente alla rete di funzionare senza un organismo di controllo centrale e aumenta le probabilità di sopravvivenza della rete.

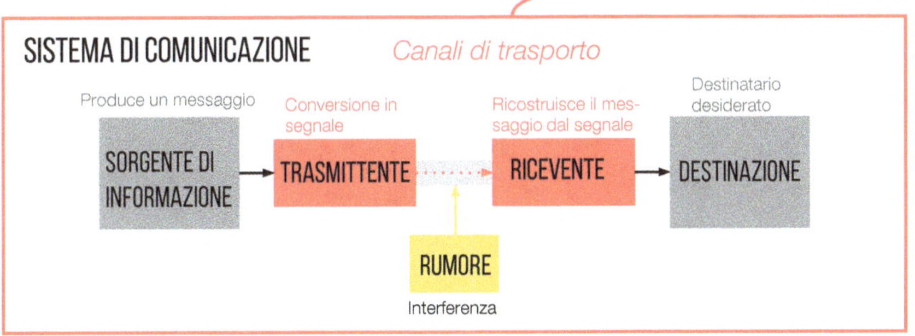

(Adattato da "Teoria matematica dell'informazione" di Claude Shannon)

LEGGE DI MOORE

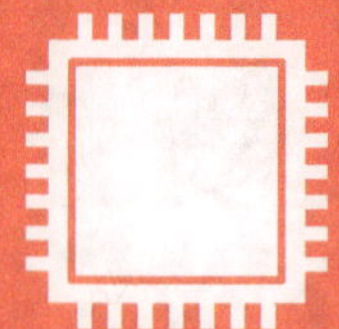

L'osservazione che il numero di transistor sul chip di un computer raddoppia approssimativamente ogni due anni.

La deflazione tecnologica è una cosa meravigliosa. Ci permette di raccogliere i benefici crescenti dell'innovazione; sia che si tratti di ridurre gli input necessari in un processo o di ottenere prestazioni migliori dagli stessi input.

L'influenza dei microprocessori su ogni aspetto della vita moderna è sbalorditiva. Essi hanno radicalmente modificato il modo in cui ci comportiamo e comunichiamo e hanno gradualmente modificato il modo in cui la società si struttura, sin dall'era industriale.

La legge di Moore aiuta a spiegare la crescita esponenziale della potenza di calcolo alla quale abbiamo assistito, grazie all'aumento della densità dei chip e al calo dei costi negli ultimi 50 anni.

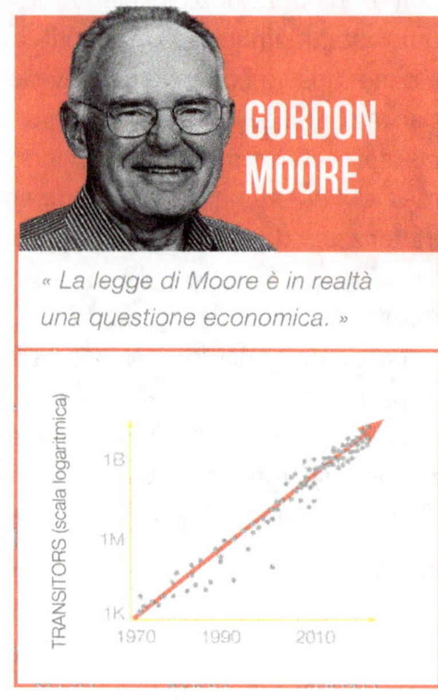

« La diffusione universale di questi microprocessori sempre più potenti... ha influenzato ogni settore della produzione, dei trasporti, dei servizi e delle comunicazioni... accompagnata da un costante calo dei costi e da un miglioramento dell'affidabilità. »

- VACLAV SMIL

LEGGE DI MOORE

La rete Bitcoin beneficia di questo fenomeno poiché i nodi della rete continuano a proliferare in tutto il mondo. Se qualsiasi rete monetaria deve essere in grado di resistere agli attacchi tipici di ogni contesto giuridico in cui si trova, deve raggiungere un certo livello di decentralizzazione tra i nodi e diventare così impossibile da spegnere.

Pertanto, la capacità di rendere operativo un nodo e verificare in modo indipendente le transazioni deve risultare alla portata di un numero sufficientemente elevato di persone. La disponibilità e i costi dell'hardware necessario sono fattori chiave in questo processo.

A differenza dei miner, i nodi validanti non richiedono hardware altamente sofisticati o elevata capacità computazionale. Inoltre, la crescita lineare della blockchain (in termini di memoria) comporta che i futuri requisiti di archiviazione siano perfettamente prevedibili e quindi trascurabili.

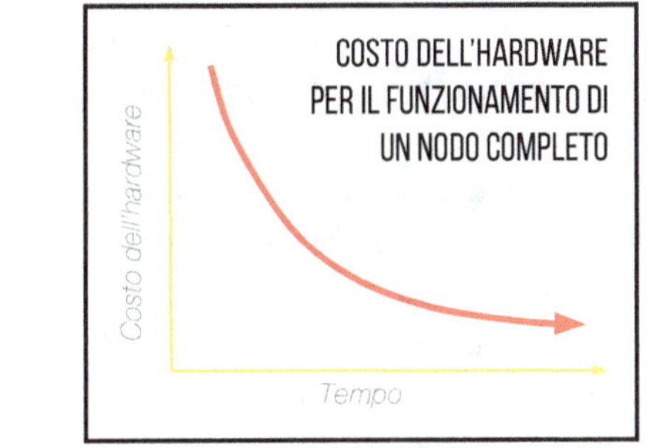

« [I microprocessori] hanno generato una vasta gamma di tecnologie che hanno migliorato la capacità di piccoli gruppi e persino di singoli individui di funzionare in modo indipendente da un'autorità centrale. »

- DAVIDSON & REES-MOGG

ANTIFRAGILITÀ

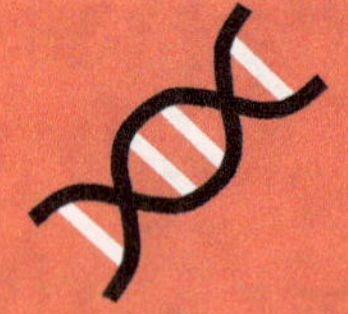

La rete Bitcoin non solo è difficile da sopprimere; ma ogni tentativo di attaccarla la rende sempre più resiliente (come il tessuto muscolare che si rafforza dopo un allenamento faticoso). Questo fenomeno è dovuto all'architettura di rete peer-to-peer.

Non esiste un singolo punto di fallimento, poiché ogni "full node" possiede tutta la storia completa della blockchain e tutti i nodi coesistono su un piano paritario dal punto di vista del protocollo.

« Non esistono nodi Bitcoin speciali; tutti i nodi sono uguali. »

- ANDREAS ANTONOPOULOS

Nel corso tempo, la rete Bitcoin è cresciuta di dimensioni (numero di nodi raggiungibili) ed è diventata sempre più decentralizzata. Ora è in grado di resistere ad attacchi provenienti anche da stati-nazione e rafforzarsi nel processo.

NASSIM TALEB

« Dato che la robustezza perfetta è irraggiungibile, è necessario un meccanismo tale per cui il sistema, invece che subire, rigeneri sé stesso nel mezzo di eventi casuali, shock imprevedibili, stress e volatilità. »

ANTIFRAGILITÀ

*« Quando una creatura decentralizzata e
organica si evolve e si adatta rapidamente,
diventa estremamente antifragile perché
ogni volta che essa o una sua parte viene
uccisa, ciò che non viene ucciso ne esce
di gran lunga più forte. »*

– MICHAEL SAYLOR

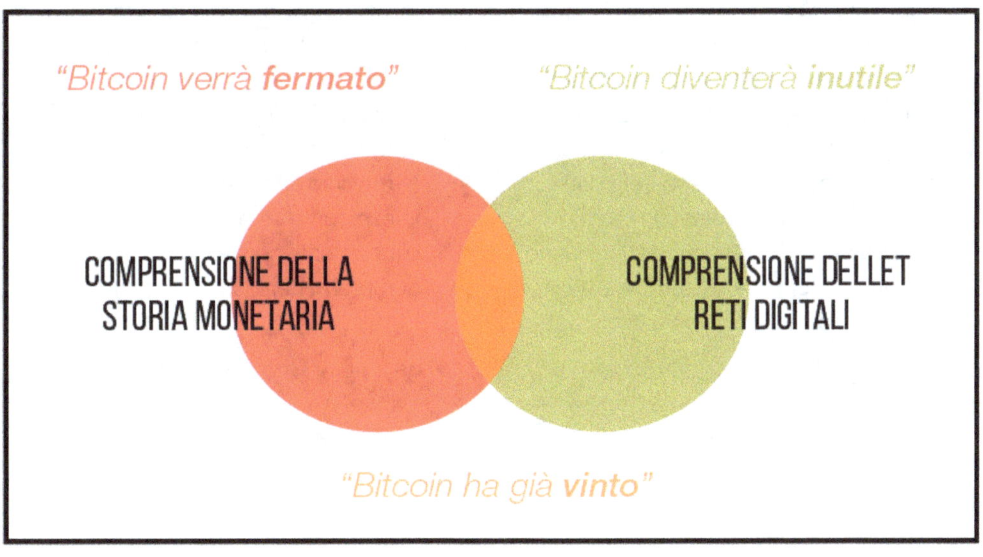

LEGGE DI GALL

Miglioramenti incrementali apportati a un sistema già funzionante sono superiori alla costruzione di un nuovo sistema complesso.

Tratto dal libro di John Gall *"Systemantics: How Systems Really Work and How They Fail"* (1977), questo principio euristico descrive il successo di tutti quei sistemi che oggigiorno diamo per scontati e che si sono evoluti da basi semplici ma affidabili. La stessa mentalità è stata (e continua ad essere) adottata nello sviluppo del protocollo Bitcoin. Una base solida genera fiducia a lungo termine per chi investe tempo e capitale e per l'adozione della tecnologia stessa.

« Il "creeping featurism" è la tendenza ad aggiungere continuamente nuove funzionalità ad un dispositivo, spesso esagerando oltre ogni ragionevolezza. Ma ogni nuovo set di funzioni incrementa in modo incontrollato la complessità del sistema e le sue dimensioni. »

- DONALD NORMAN

I sistemi complessi rispondono con meno flessibilità all'aumento dell'entropia, poiché molte delle sue componenti subiscono l'influenza di ogni modifica, anche se minore. Al contrario, sistemi più semplici e funzionali facilitano l'innovazione (attraverso successive iterazioni) intese come estensioni a funzionalità già esistenti, senza rischio di compromettere la base sottostante.

« Bitcoin è troppo importante perché segua il classico mantra della Silicon Valley "move fast and break things" ossia "muoviti velocemente e rompi tutto". Al contrario, è "move slowly and don't break anything", cioè "muoviti lentamente e non rompere niente". Se un sistema finanziario globale deve essere costruito su un sistema monetario decentralizzato, la base fondante deve essere protetta a tutti i costi. »

- PARKER LEWIS

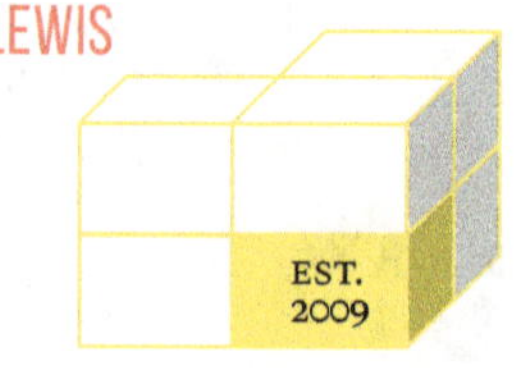

LEGGE DI GALL

SUPERFICIE DI ATTACCO

La somma di tutte le potenziali vulnerabilità da tutti i potenziali punti di accesso.

Immaginiamo una fortezza che deve proteggere le sue mura da eventuali attacchi esterni. Minimizzare la lunghezza del perimetro che deve essere protetto diventa un elemento di design cruciale, poiché un quadrato è più facile da difendere di un rettangolo.

Un fattore chiave nella resilienza di Bitcoin è la semplicità del protocollo di base, unita alla minuziosa e continua analisi che riceve essendo un progetto open source.

« Introdurre tutte le funzionalità proposte da Lightning Network, Liquid, DLCs, RGB e così via nel protocollo principale… è un'idea chiaramente sbagliata. Introdurrebbe vettori di attacco ignoti e ne deriverebbe una fragilità olistica. »

- ALLEN FARRINGTON & BIG AL

La possibilità di sperimentare in maniera libera sulla base del protocollo di Bitcoin, senza intaccarne le fondamenta è imperativo per garantire scalabilità e innovazione in generale.

SATOSHI NAKAMOTO

« Essere open source significa che chiunque può rivedere il codice in modo indipendente. Se fosse closed source, nessuno potrebbe verificarne la sicurezza. »

```cpp
CAmount GetBlockSubsidy(int nHeight,
const Consensus::Params&
consensusParams)
{
    int halvings = nHeight /
consensusParams.nSubsidyHalvingInterval;
    // Force block reward to zero when
right shift is undefined.
    if (halvings >= 64)
        return 0;

    CAmount nSubsidy = 50 * COIN;
    // Subsidy is cut in half every
210,000 blocks which will occur
approximately every 4 years.
    nSubsidy >>= halvings;
    return nSubsidy;
}
```

ELEMENTI CATALIZZATORI

In chimica, un catalizzatore influenza la velocità di reazione tra una sostanza e i reagenti senza esserne influenzato. In senso più ampio, un catalizzatore scatena un qualche tipo di cambiamento quando viene introdotto in un determinato contesto.

Satoshi Nakamoto ha ideato un ingegnoso metodo per impedire la duplicazione di denaro nel mondo digitale (double-spending) senza affidarsi a un intermediario. Questa soluzione è stata codificata nel protocollo Bitcoin e poi rilasciata liberamente nel mondo.

Sebbene non sia certo, il messaggio lasciato da Satoshi nel blocco genesi potrebbe indicare che i salvataggi monetari ricevuti dalle istituzioni finanziarie dopo la crisi del 2008 siano stati un elemento catalizzatore per Bitcoin.

In quanto denaro solido, nativamente digitale e accessibile a tutti, Bitcoin è diventato un elemento catalizzatore. Introducendo una nuova alternativa, Bitcoin costringe le persone a confrontare le caratteristiche dei beni monetari concorrenti (scarsità, durabilità, portabilità, ecc.).

Molte delle trasformazioni che Bitcoin stimolerà sono ignote, ma se gli sviluppi attuali fungono da indizio, saranno nientemeno che stravolgenti.

« Bitcoin potrebbe anche essere il più grande elemento catalizzatore che il mondo abbia mai visto per lo sviluppo di energia abbondante, pulita ed economica; e, quindi, uno dei più grandi catalizzatori al mondo per il benessere degli esseri umani. »
- ROSS STEVENS

PARTE III:
Psicologia

IL DILEMMA DEL PRIGIONIERO

Utilizzare la matematica per determinare se in un gioco multigiocatore è meglio cooperare o competere.

Nel prendere decisioni che coinvolgono più parti, e dove il massimo beneficio si presenterebbe grazie a una scelta coordinata, si deve tenere conto delle preferenze di tutti i componenti. Il dilemma del prigioniero è un esercizio che aiuta a creare un modello della gamma dei possibili risultati e il corso di azione ottimale in tale situazione.

A livello internazionale, Bitcoin, in quanto concorrente di tutte le altre forme di denaro, spinge le nazioni sovrane a prendere posizione, sia essa proattiva (vietandone l'uso) o passiva (permettendone l'uso).

Dato che diversi paesi hanno mostrato che vietare bitcoin è una strada non percorribile, la strategia ottimale diventa quella di accettarlo e tentare di regolamentarlo, al costo di vedere migrare capitali e talenti verso paesi che offrono minore resistenza. Portando questa logica all'estremo, i governi devono ora considerare la possibilità di detenere Bitcoin come parte delle loro riserve come assicurazione.

Se Bitcoin dovesse diventare la moneta digitale globale dominante, lo farà svalutando severamente tutte le altre forme di denaro e i vari titoli di stato.

CHRIS KULPER & JACK NEUREUTER

« Se l'adozione di Bitcoin aumenta, i paesi che oggi scelgono di procurarsi Bitcoin saranno in una posizione competitiva di vantaggio rispetto ai loro pari. Pertanto, anche se gli altri paesi non vedono potenziale di investimento, saranno costretti ad acquisirne comunque come forma di assicurazione. »

	Paese B *Vieta*	**Paese B** *Permette*
Paese A *Vieta*	Il divieto ↑ impedisce l'adozione	Il capitale si sposta da A → B
Paese B *Permette*	Il capitale si sposta da B → A	Crescono ↑ scambi e opzioni per i consumatori

IL DILEMMA DEL PRIGIONIERO

CONCETTO CORRELATO

ARBITRAGGIO GIURISDIZIONALE

Approfittare delle discrepanze tra giurisdizioni legali in competizione tra loro.

La possibilità di emigrare dove si gode di migliori circostanze relative (ad esempio: costo della vita inferiore, qualità della vita più alta, salario più alto, ecc.) è una vera e propria minaccia per le entrate fiscali degli stati-nazione. In un'era in cui i lavoratori altamente qualificati sono sempre più mobili e desiderati dalle diverse giurisdizioni, il potere contrattuale torna ai lavoratori qualificati.

ADAM FERGUSSON

PROVA SOCIALE

Bitcoin ha ricevuto la sua buona dose di paura, incertezza e dubbio a causa dell'innovazione e della totale mancanza di parallelismi familiari. Questo ha lasciato gran parte della popolazione disinformata e scettica. Tuttavia, con il passare del tempo, Bitcoin è diventato sempre più socialmente accettabile, man mano che un crescente gruppo di individui e istituzioni rispettabili ha mostrato il proprio sostegno verso questa tecnologia.

Tutto ciò che è radicalmente innovativo sarà sempre accolto con scetticismo e grande cautela da parte del pubblico. La prova sociale svolge il prezioso compito di dissipare in modo efficiente la paura, l'incertezza e il dubbio su scala.

Chi deve scegliere come investire capitali corre rischi significativi per la sua carriera se punta su tecnologie nuove troppo presto durante la loro curva di adozione. Ma il costo opportunità diventa infine troppo alto per continuare a ignorare un cambiamento permanente nel comportamento dei consumatori.

« Paul Tudor Jones lo approva per altri gestori di hedge fund, i gestori di hedge fund lo approvano per i fondi sovrani, i fondi sovrani lo approveranno per le banche centrali. »

– NAVAL RAVIKANT

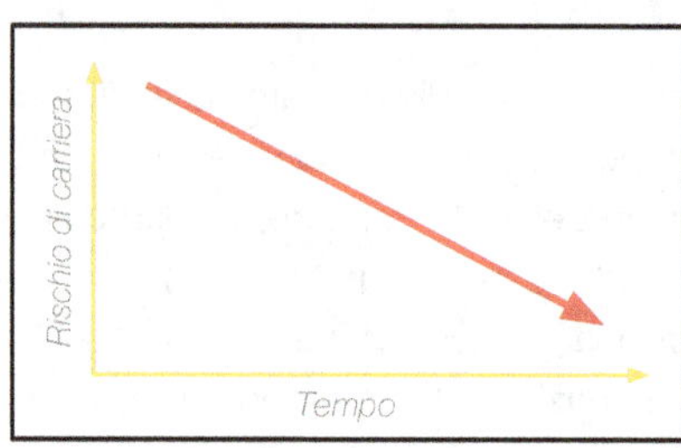

TEORIA DELLA MIMESI

Nelle situazioni incerte guardiamo a coloro che riteniamo più esperti o competenti per ottenere indicazioni su come pensare o agire al meglio.

Non tutti coloro che usano il dollaro oggi capiscono perché sia diventato il mezzo prediletto di risparmio e scambio. Lo stesso succederà per Bitcoin quando raggiungerà la saturazione. Alcune persone sceglieranno consapevolmente Bitcoin semplicemente perché è la moneta più forte; altri imiteranno banalmente questa scelta. Entrambi contribuiranno a un circuito di feedback positivo.

« I modelli sono persone o cose che ci mostrano cosa vale la pena desiderare. Sono i modelli, e non la nostra 'analisi oggettiva' o il sistema nervoso centrale, a plasmare i nostri desideri. Con questi modelli, le persone si impegnano in una forma segreta e sofisticata di imitazione che Girard ha definito mimesi, dal greco mimeisthai (imitare). »

- LUKE BURGIS

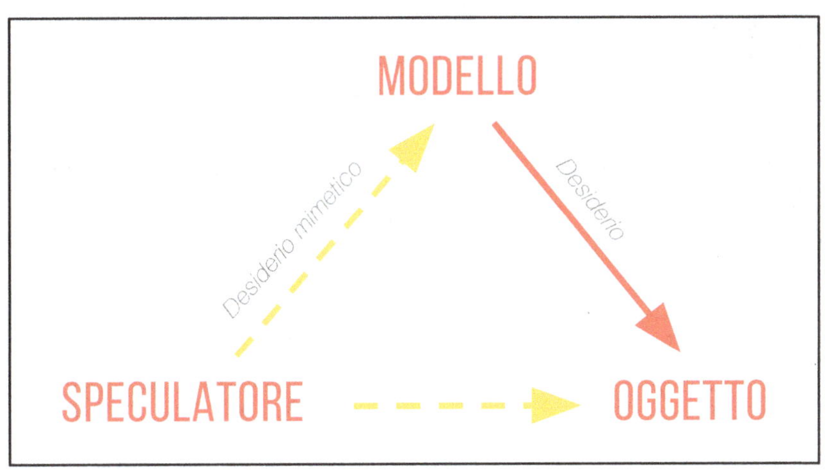

BIAS DELLA PRIMA IMPRESSIONE

La tendenza ad accettare una prima risposta ottenuta, senza tener conto della sua correttezza, evitando qualsiasi ulteriore indagine o dibattito.

Le prime conclusioni sulle nuove tecnologie spesso sono errate o incomplete, ma siamo comunque propensi a sostenerle. Questo comportamento, alla fine, è svantaggioso.

« La mente funziona un po' come uno spermatozoo con l'ovulo: una volta che la prima idea è entrata la mente si chiude... questo ci porta ad avallare molte conclusioni errate. »

- CHARLIE MUNGER

Tutti inizialmente fraintendono in una certa misura Bitcoin. Questo accade semplicemente perché non è mai esistito nulla di comparabile. La scarsità digitale è un concetto completamente nuovo con molte implicazioni sconosciute che devono essere ancora comprese.

La nostra sopravvivenza nel tempo è in gran parte il prodotto della nostra capacità di identificare e valutare rapidamente i rischi. Quindi, anche se viene spontaneo scuotere la testa con frustrazione di fronte a coloro che ignorano o disprezzano Bitcoin come uno schema Ponzi, una setta o un esperimento fallito, questa attitudine è solo un meccanismo reattivo radicato nell'inconscio. Neutrale curiosità e un sano senso critico verso le premesse sono fondamentali per raggiungere conclusioni affidabili.

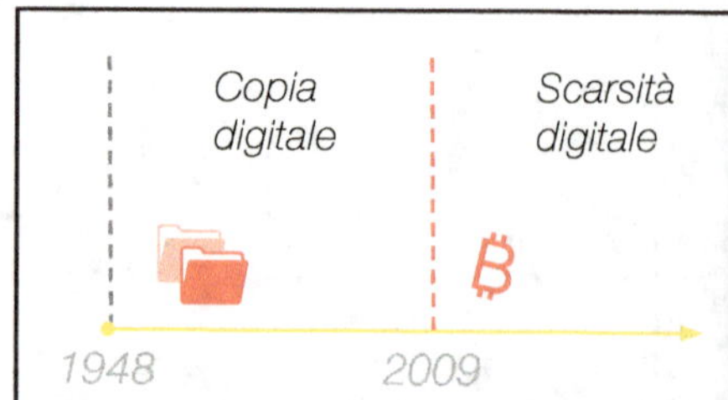

CERCHIO DI COMPETENZA

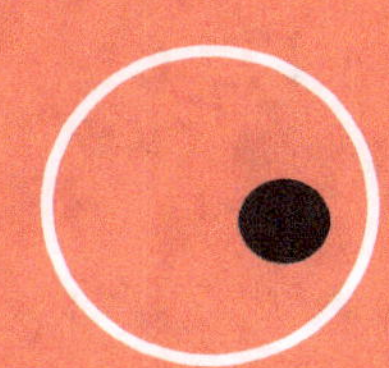

Tutti abbiamo vissuto esperienze e acquisito competenze uniche che ci danno aree di competenza ristrette. Ma il più delle volte, dobbiamo operare al di fuori di esse, cercando di comprendere le situazioni il meglio possibile. In situazioni poco importanti questo effetto è trascurabile, ma può diventare problematico quando la posta in gioco è alta.

La capacità di definire chiaramente i confini della propria competenza intellettuale e di evitare il fascino dell'eccessiva fiducia in se stessi riduce le probabilità di errori e fallimenti. Nella maggior parte dei casi, mantenere l'atteggiamento di un novizio sarà la strategia migliore.

Bitcoin è concettualmente impegnativo da comprendere perché richiede un approccio interdisciplinare che abbraccia diversi campi apparentemente non correlati fra loro ma sovrapposti (termodinamica, elettronica, storia monetaria, crittografia, ecc.).

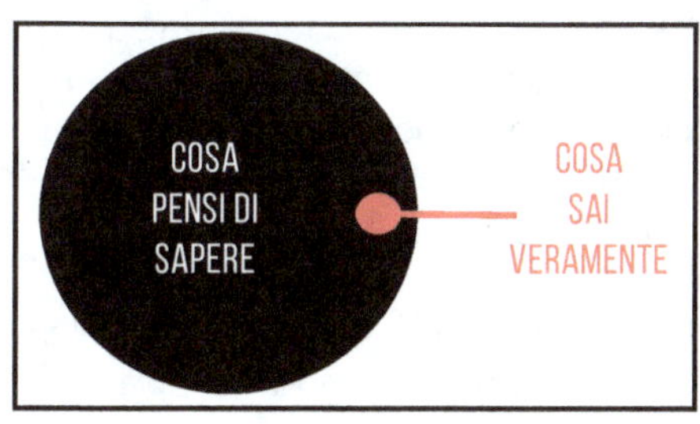

« È molto importante rimanere all'interno del proprio cerchio di competenza. Se non si è sicuri di quali siano i confini di quel cerchio, allora non si ha una vera e propria padronanza del proprio campo. »

- CHARLIE MUNGER

« Credetemi, l'uomo è capace,in qualche modo, di creare più Bitcoin.. Si dice che ci siano regole e che non sia possibile. Non credeteci. Quando c'è abbastanza incentivo, succederà il peggio. »

- CHARLIE MUNGER

CERCHIO DI COMPETENZA

Limitarsi a valutare Bitcoin solo attraverso una ristretta lente di competenza significa non riuscire a percepire il sistema più ampio. Fortunatamente, il cerchio di competenza non è una cosa statica, e può essere modellato nel tempo.

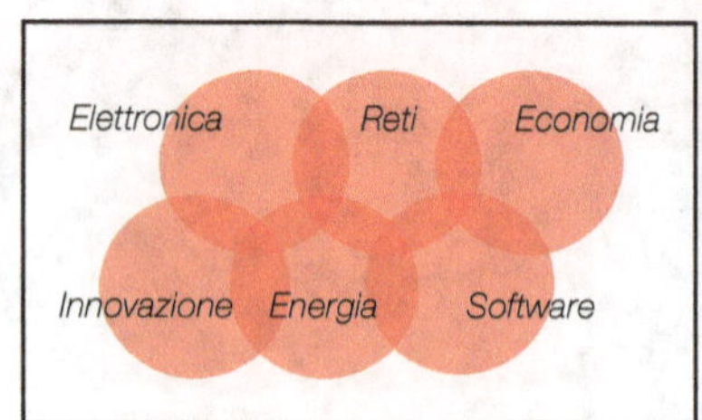

CONCETTO CORRELATO — ## EFFETTO DUNNING-KRUGER

Sopravvalutare la propria conoscenza in una specifica area porta a decisioni errate.

Questo bias descrive la tendenza ad avere una visione eccessivamente favorevole delle proprie capacità mentre si manca di autoconsapevolezza per riconoscerla (metacognizione).

Nel loro articolo del 1999, David Dunning e Justin Kruger descrivono la "doppia zavorra" dell'essere incapace di riconoscere i propri limiti sociali e intellettuali mentre si prendono contemporaneamente decisioni sbagliate basate sulle false conclusioni ottenute.

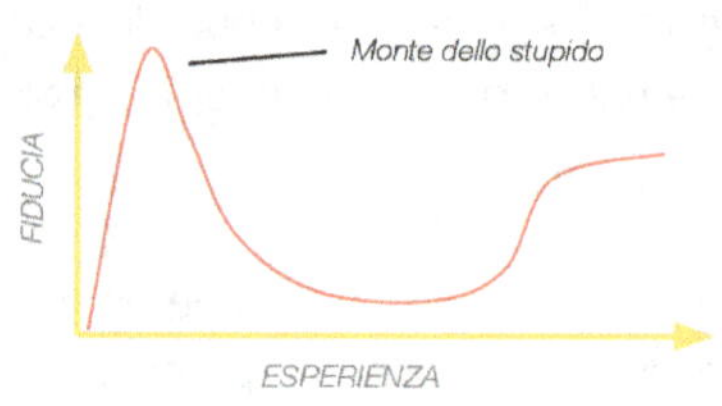

« Bitcoin appare semplice a livello superficiale, il che è positivo per l'adozione e l'interesse... ma... il design diventa sempre più controintuitivo man mano che si entra nei dettagli. »

-ADAM BACK

ERRORE DI CATEGORIA

Assumere che una singola proprietà di un sistema sia rappresentativa del suo insieme, portando ad attribuzioni errate.

I detrattori spesso sbagliano quando valutano Bitcoin in base alle loro convinzioni inesatte su cosa esso sia. L'errore più comune è quello di confrontare la volatilità a breve termine di Bitcoin con quella del dollaro americano, ignorando che Bitcoin è principalmente uno strumento di risparmio a lungo termine. Un altro errore comune è quello di criticare Bitcoin come investimento perché non paga dividendi, nonostante si sia apprezzato in media di più del 100% all'anno negli ultimi dieci anni.

Tutti hanno un'opinione su come categorizzare Bitcoin, ma in realtà, Bitcoin sfugge alle categorizzazioni assolute a causa delle sue molteplici sfaccettature e di un contesto in continua evoluzione.

MARTY BENT

« Bitcoin non è una quota di una società, non è una startup o un fondo di investimento… Bitcoin è un animale di razza completamente diversa dagli altri tipi di strumenti ai quali si cerca di paragonarlo. Va analizzato attraverso una nuova lente.. »

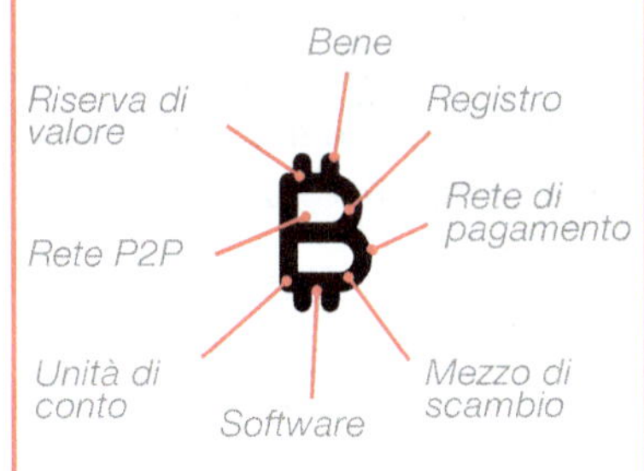

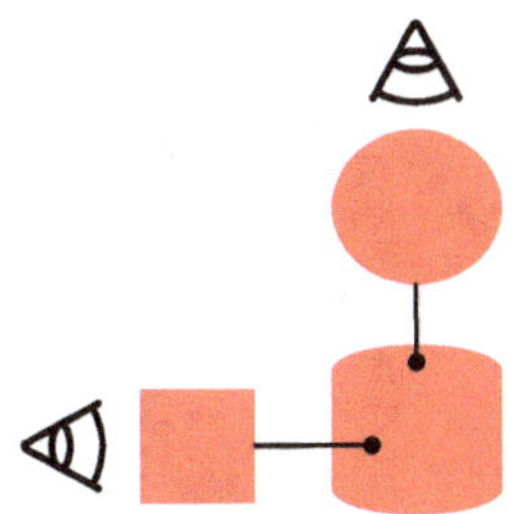

IL MODELLO DEL CICLO DI HYPE DI GARTNER

Conosciuto anche come ciclo dell'esagerazione, è una metodologia per investigare la maturità e l'adozione di nuove tecnologie e applicazioni.

Le tecnologie vengono adottate a ondate. Come una continua lotta tra gatto e topo che mette a confronto la maturità di una tecnologia e le aspettative delle persone.

Il Ciclo di Hype di Gartner spiega le fasi di evoluzione della percezione pubblica rispetto alle tecnologie emergenti. Tuttavia, è raro che si tratti di un viaggio di sola andata per tecnologie realmente dirompenti, ma piuttosto di una serie di cicli di hype, ognuno di maggiore ampiezza (vedi Minoranza Intransigente: teoria della diffusione dell'innovazione).

Mentre si verificano queste esplosioni cicliche di utenti, capitali, sviluppatori e prodotti, nulla può sostituire il vantaggio della convinzione a lungo termine, sviluppata attraverso una genuina curiosità e la sperimentazione diretta.

« I primi acquirenti in un ciclo di hype di Gartner tipicamente possiedono una forte convinzione riguardo la natura trasformativa della tecnologia in cui stanno investendo. »

– VIJAY BOYAPATI

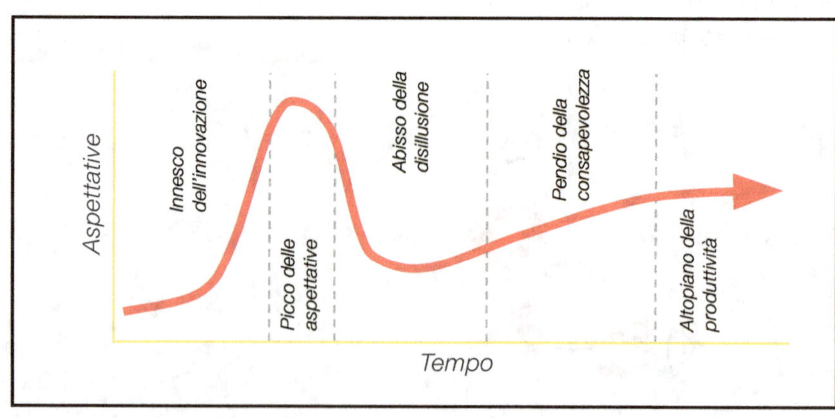

CONCETTO CORRELATO

LA LEGGE DI AMARA

Ci risulta normale entusiasmarci per nuove tecnologie che hanno il potenziale di migliorare il nostro tenore di vita o ci permettono di fare cose considerate finora impossibili. Questo ci porta ad avere aspettative che superano la realtà. Le nuove tecnologie richiedono tempo per essere sviluppate, rese stabili e abbastanza intuitive da essere adottate su larga scala (cosa necessaria per l'emergere degli effetti di rete).

La legge di Amara differisce dal ciclo di hype di Gartner in quanto mette in luce la nostra tendenza a pensare in termini lineari quando il processo di commercializzazione dell'innovazione non lo è affatto!

« Prevedere il cambiamento tecnologico è praticamente impossibile e nessuno, proprio nessuno, ne è un esperto. L'unica strategia sensata da attuare è diffidare dell'aspettativa iniziale, ma anche del successivo scetticismo. »

- MATT RIDLEY

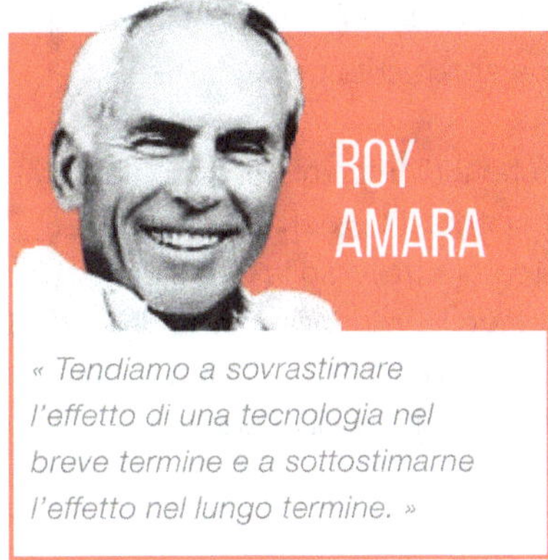

« Tendiamo a sovrastimare l'effetto di una tecnologia nel breve termine e a sottostimarne l'effetto nel lungo termine. »

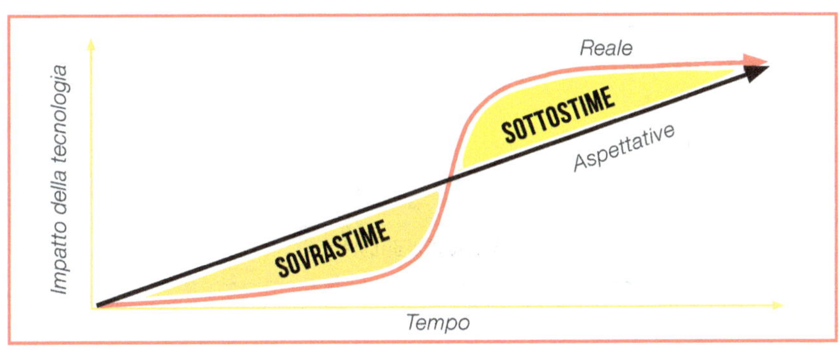

MINORANZA INTRANSIGENTE

Quando poche persone plasmano le preferenze della maggioranza rifiutandosi di accontentarsi dell'opzione predefinita.

Reso popolare da Nassim Taleb nel suo libro del 2018, "Rischiare grosso" (Skin in the Game), questo concetto evidenzia la rapidità con cui il cambiamento a livello sociale può partire da impulsi apparentemente piccoli.

Gli utenti di Bitcoin stanno lentamente imponendo la propria preferenza sul mercato attraverso la loro riluttanza a utilizzare la valuta fiat come denominatore nei calcoli economici (a causa della sua imprevedibilità nell'offerta).

Di conseguenza, prodotti e servizi sono stati creati con l'idea di accogliere questo pubblico in crescita, diffondendo ulteriormente l'adozione. Questo processo è il modo in cui, alla fine, tutte le innovazioni vengono adottate (teoria della diffusione dell'innovazione).

« Se una minoranza molto piccola converge sulla convinzione che Bitcoin abbia proprietà monetarie superiori e non accetta forme di valuta digitale (o tradizionale) come denaro, mentre i partecipanti al mercato meno convinti accettano sia Bitcoin che altre valute, la minoranza intollerante vince. »

- PARKER LEWIS

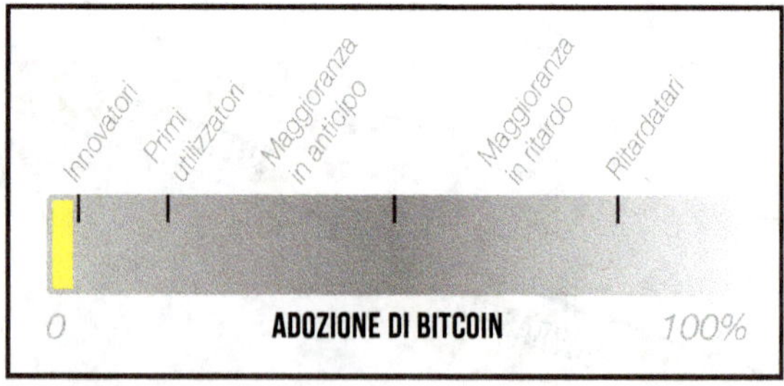

TEOREMA DELL'INEQUIVALENZA

Quando le condizioni economiche diventano eccessivamente gravose, gli individui più qualificati abbandoneranno permanentemente una determinata giurisdizione.

Estendendo il "Teorema dell'Equivalenza" di David Ricardo, Davidson e Rees-Mogg propongono che, man mano che le nazioni sovrane continueranno a emettere debito a un ritmo accelerato, coloro che possono permetterselo cercheranno di emigrare nel tentativo di evitare il declino sociale anticipato e le aliquote fiscali crescenti necessarie per ripagarlo.

JAMES DALE DAVIDSON & WILLIAM REES-MOGG

« Nell'era dell'informazione… una persona razionale non risponderà alla prospettiva di tasse più alte per finanziare i deficit…individui sovrani e altri individui razionali fuggiranno dalle giurisdizioni con grandi passività non coperte. »

« I governi che hanno sovraccaricato i loro contribuenti… sono finiti nella pattumiera della storia. »

- NICK SZABO

Bitcoin protegge il capitale dalla svalutazione, lo rende realmente portabile e straordinariamente difficile da confiscare, dando all'individuo il potere di opporsi a regimi autoritari e socialisti estorsivi.

L'EFFETTO DI AMNESIA DI GELL-MANN

Rilevare errori nell'esposizione di un argomento, ma fidarsi della stessa fonte in aree in cui si è meno informati.

È comprensibilmente frustrante quando una pubblicazione giornalistica espone un argomento, del quale si ha esperienza, in maniera imprecisa. Questo segnale andrebbe recepito come avvertimento per il livello generale di accuratezza anche in tutte le altre aree dell'informazione.

Bitcoin è sufficientemente complesso ad una prima osservazione, il che lo rende un bersaglio facile per il giornalismo sensazionalistico. Tuttavia, essendo principalmente uno strumento di comunicazione open source, i tentativi di fare previsioni o di affibbiargli etichette morali dovrebbero accendere diversi campanelli di allarme.

MICHAEL CRICHTON

« Apri il giornale su un articolo che tratta un argomento che conosci bene…. vedi che il giornalista non ha assolutamente alcuna comprensione né dei fatti né del problema…poi continui a leggere il resto del giornale come se riguardo a gli altri argomenti fosse in qualche modo più accurato. »

Newsweek

Il mining di Bitcoin è sulla buona strada per consumare tutta l'energia del mondo entro il 2020

ANTHONY CUTHBERTSON 11 DICEMBRE 2017

« La stampa generalmente sbaglia su cose che sono:

- *troppo nuove*
- *troppo tecniche*
- *troppo multidisciplinari*
- *che danneggiano troppi interessi*
- *che creano troppo interesse*
- *cose… in generale.»*

- GIACOMO ZUCCO

EFFETTO LINDY

La teoria che l'aspettativa di vita delle cose non deperibili è proporzionale alla loro età attuale.

Bitcoin ha ora più di un decennio di maturità. Anche se può sembrare insignificante nella totalità della storia monetaria, è degno di nota per una rete digitale e sicuramente senza precedenti per una rete monetaria digitale non sovrana.

L'Effetto Lindy (anche detto Legge di Lindy) ci aiuta a considerare la crescente probabilità dell'esistenza continua di Bitcoin. Man mano che vengono prodotti blocchi e vengono definite le transazioni, cresce la fiducia nell'immutabilità della rete. Questo effetto forma un ciclo auto-rinforzante, e l'orizzonte temporale entro il quale le persone preservano la propria ricchezza in Bitcoin si allunga.

« Ogni giorno che passa e Bitcoin non è collassato a causa di problemi legali o tecnici, porta nuove informazioni al mercato. Aumenta la probabilità del successo finale di Bitcoin e giustifica un prezzo crescente. »

- HAL FINNEY

EFFETTO LINDY

« L'innovazione…rompe l'effetto Lindy. Solo un cambio di paradigma giustifica la spesa di tempo ed energia necessaria per compiere la lunga e onerosa transizione da un protocollo a un altro.

I cicli di Lindy di tecnologie successive possono sovrapporsi temporaneamente durante la fase di adozione della tecnologia di nuova generazione. »

3 494

GIORNI DA QUANDO LA RETE BITCOIN È STATA INATTIVA

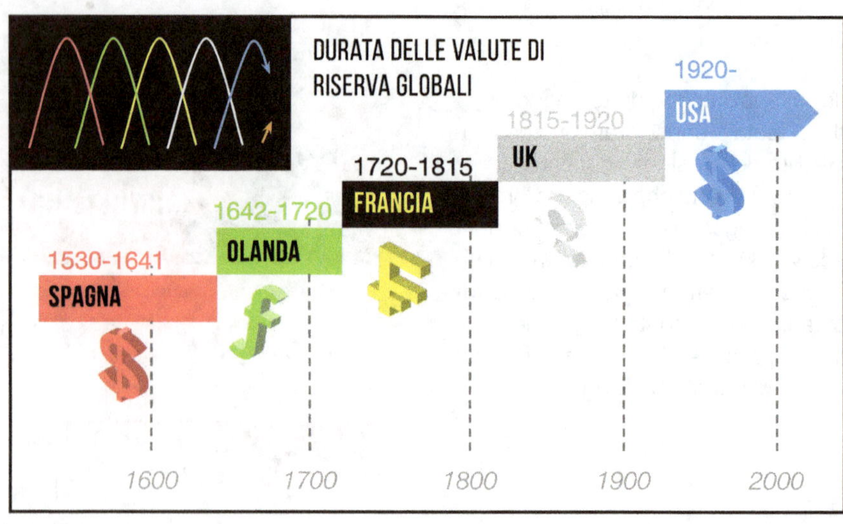

EMERSIONE

Quando nuove strutture dinamiche emergono dall'interazione di componenti individuali e diventano auto-regolanti.

Sebbene ogni singola parte delineata nel White Paper di Bitcoin funzioni all'unisono con le altre, per la maggior parte come descritto, gli effetti di ordine superiore e il comportamento derivato dagli incentivi sono del tutto imprevedibili.

« Lo status di moneta è un prodotto spontaneo ed emergente dell'azione umana… non qualcosa che viene conferito attraverso il dibattito accademico, la pianificazione razionale o un mandato governativo. »

- SAIFEDEAN AMMOUS

Dalle funzioni di hash, alle alberature Merkle, al meccanismo di consenso proof-of-work, Bitcoin ottiene il massimo rendimento utilizzando molti strumenti e tecnologie che stimolano gli incentivi economici, rendendolo così una moneta dalle prestazioni sempre più efficaci nel tempo.

JAMESON LOPP

« Bitcoin non è apparso dal nulla: è il risultato di decenni di lavoro. Molti progetti di valuta digitale sono falliti prima che bitcoin avesse successo. Capire come siamo arrivati fin qui aiuterà a capire dove stiamo andando. »

EMERSIONE

E' improbabile che il percorso di monetizzazione di Bitcoin progredisca in modo ordinato. Bitcoin non esiste in un ambiente perfettamente isolato e le variabili da considerare sono molte. Dato che la conoscenza si diffonde in modo non uniforme, utenti diversi si troveranno, nello stesso momento, a diversi livelli di comprensione su questo percorso.

« Bitcoin si sta attualmente muovendo dalla prima fase di monetizzazione alla seconda fase... Nessuno essere umano ha potuto essere testimone dell'intero processo di monetizzazione di un bene (come sta accadendo con Bitcoin), quindi c'è pochissima esperienza riguardo al percorso che questa monetizzazione prenderà »

- VIJAY BOYAPATI

OGGETTO DA COLLEZIONE ▸ RISERVA DI VALORE ▸ MEZZO DI SCAMBIO ▸ UNITÀ DI CONTO

EFFETTO STREISAND

Nel 2003, la cantante Barbra Streisand ha cercato di far rimuovere da una pagina web pubblica una foto aerea che raffigurava la sua residenza di Malibu. La causa legale contro il fotografo ha attirato una notevole pubblicità e ha comportato oltre 400.000 visualizzazioni aggiuntive dell'immagine. Precedentemente l'immagine era stata scaricata solo sei volte.

Osserviamo regolarmente l'effetto Streisand ogni volta che un governo tenta di vietare, dissuadere l'uso o diffamare Bitcoin. Essendo una rete veramente decentralizzata, ogni tentativo di vietare Bitcoin non fa altro che mettere in luce i limiti del potere governativo.

In un momento storico nel quale le valute nazionali si svalutano a velocità crescente, i governi che esagerano i presunti difetti di Bitcoin non fanno altro che stimolare maggiore scetticismo nel sistema fiat esistente. Fortunatamente, ora disponiamo di uno strumento universale, immune alle minacce o alle azioni governative, che riflette in tempo reale il valore delle valute fiat.

« Bitcoin è stato vietato molte volte in molti luoghi, eppure oggi l'adozione di Bitcoin sta superando l'adozione di Internet. »

– ALYSE KYLEEN

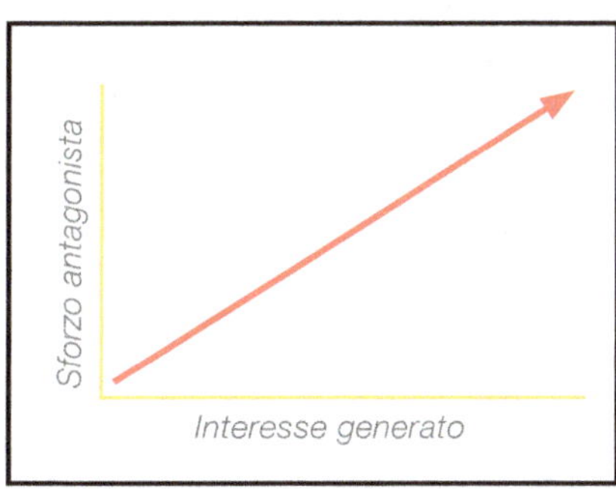

RISCHIO MORALE

Gli individui o le istituzioni che non sono costretti a fare i conti con le piene conseguenze delle loro decisioni aumenteranno inevitabilmente la loro propensione al rischio oltre la prudenza.

« Il capitalismo senza il fallimento è come il Cristianesimo senza l'inferno. »

- FRANK BORMAN

Questo effetto è stato ripetutamente dimostrato durante ogni crisi finanziaria moderna attraverso salvataggi economici finanziati dai contribuenti (socializzazione delle perdite delle società quotate in borsa) giustificati come prevenzione dell'eventuale contagio. Azioni rese possibili a causa di incentivi disallineati e creati da un sistema fiat centralizzato.

« La centralizzazione solitamente porta con sé gravi rischi di monopolizzazione, corruzione, esclusione e abusi.. »

- GIACOMO ZUCCO

Bitcoin ci offre la possibilità di tornare alla responsabilità. La verifica dell'esistenza di tutte le unità (21 milioni di Bitcoin) esistenti è banale, così come l'applicazione dell'emissione controllata. Non possono essere concessi privilegi, indipendentemente da chi partecipa.

SATOSHI NAKAMOTO 🚫

« Il problema principale della valuta convenzionale risiede in tutta la fiducia che è necessaria per farla funzionare. Bisogna fidarsi del fatto che la banca centrale non svaluterà la moneta stessa, ma la storia delle valute fiat è costellata di violazioni di questa fiducia. »

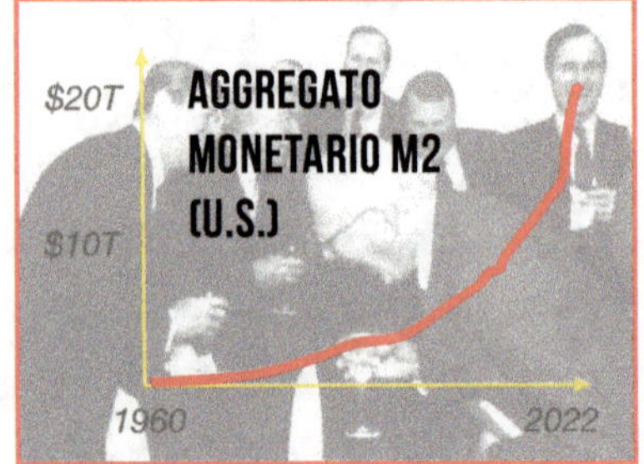

RISCHIO MORALE

RISCHIO DI CONTROPARTE

La probabilità che in una transazione una delle parti non adempia ai suoi obblighi.

Quasi tutte le transazioni finanziarie digitali oggi richiedono una qualche relazione con un'entità regolamentata (istituzione, piattaforma o custode). Queste entità agiscono come controparti il cui ruolo è quello di facilitare l'attività economica per conto dei loro clienti.

La presenza di una controparte in una transazione introduce determinati rischi nell'equazione. In primo luogo il rischio di default (mancato adempimento degli obblighi di consegna o di regolamento). Anche se la probabilità è relativamente bassa, le conseguenze possono essere catastrofiche.

Eventi imprevedibili generano azioni inaspettate, soprattutto nei mercati finanziari.

La fiducia nella moneta fiat sarà sempre legata all'attendibilità del governo attuale e questo rappresenta una preoccupazione continua. Anche se emessa durante un periodo di relativa stabilità e solvibilità percepita, la moneta fiat può sempre deteriorarsi in un momento futuro (se non addirittura presente).

Bitcoin rimuove la necessità di un'autorità emittente, eliminando i futuri rischi di solvibilità. In quanto strumento al portatore, elimina la necessità di controparti come custodi. Allo stesso modo, come rete peer-to-peer, le controparti stesse diventano completamente ridondanti.

NIK BHATIA

« *I livelli diventano un modo per pensare alla gerarchia naturale del denaro, in cui gli strumenti monetari sono classificati in ordine di superiorità dall'alto verso il basso, invece di essere collocati uno accanto all'altro su tabelle contabili.* »

Ulteriori letture

SCARSITÀ
Thomas Sowell, *"Is Reality Optional?: And Other Essays,"* 1993.
Vijay Boyapati, *"The Bullish Case for Bitcoin,"* 2018.

LEGGE DI GRESHAM
Robert Mundell, *"Uses and Abuses of Gresham's Law in the History of Money,"* 1998.

EFFETTO CANTILLON
Richard Cantillon, *"Essai sur la Nature du Commerce en Général,"* 1755.
Jörg Guido Hülsmann, *"The Ethics of Money Production,"* 2008.

PUNTO DI SCHELLING
Nick Szabo, *"Money, Blockchains, and Social Scalability,"* 2017.
Balaji S. Srinivasan, *"Bitcoin becomes the Flag of Technology,"* 2020.

COSTO OPPORTUNITÀ
Saifedean Ammous, *"The Fiat Standard,"* 2021.

LA TRINITÀ IMPOSSIBILE
Robert Mundell, *"Capital Mobility and Stabilization Policy under Fixed and Flexible Exchange Rates,"* 1963.

IL PARADOSSO DI JEVONS
William Stanley Jevons, *"The Coal Question,"* 1865.
Vaclav Smil, *"Energy and Civilization: A History,"* 2017.

LEGGI DI POTENZA
Parker Lewis, *"Bitcoin, Not Blockchain,"* 2019.
Lyn Alden, *"Bitcoin: Addressing Misconceptions,"* 2020.

IL BIAS DELL'UNITÀ
Vijay Boyapati, *"The Bullish Case for Bitcoin,"* 2018.

I BENI DI VEBLEN
Thorstein Veblen, *"The Theory of the Leisure Class: An Economic Study of Institutions,"* 1899.

MALINVESTIMENTI

Murray Rothbard, *"Man, Economy, and State: A Treatise on Economic Principles,"* 1962.
Parker Lewis, *"Bitcoin is the Great Definancialization,"* 2020.

PAYOFF ASIMMETRICI

Howard Marks, *"I Beg to Differ,"* 2022.

MATRICE DI ANSOFF

Igor Ansoff, *"Strategies for Diversification,"* 1957.
Brandon Quittem, *"Bitcoin is The Mycelium of Money,"* 2020.

ORDINI DI GRANDEZZA

Parker Lewis, *"Bitcoin Obsoletes All Other Money,"* 2020.
Peter Thiel, *"Zero to One,"* 2014.

EFFETTI DI RETE

Timothy F. Peterson, *"Bitcoin Spreads Like a Virus,"* 2019.
Ross Stevens, *"Stoneridge Shareholder Letter,"* 2020.

ATTRITO

Robert Breedlove, *"Money, Bitcoin and Time: Part 2 of 3,"* 2019.

DISTRUZIONE CREATIVA

Matt Ridley, *"How Innovation Works,"* 2020.
Jeff Booth, *"The Greatest Game,"* 2020.

RETROAZIONE

Brandon Quittem, *"Bitcoin is a Catalyst for Human Evolution."* 2020.
George Soros, *"The Alchemy of Finance,"* 1987.

RELATIVITÀ

Vijay Boyapati, *"The Bullish Case for Bitcoin,"* 2018.

TERMODINAMICA (PRIMA LEGGE)

Gigi, *"Bitcoin is Digital Scarcity,"* 2022.
Knut Svanholm, *"Bitcoin and Thermodynamics,"* 2018.
Nic Carter, *"It's the Settlement Assurances, Stupid,"* 2019.

TERMODINAMICA (SECONDA LEGGE)
Gigi, *"Bitcoin's Eternal Struggle,"* 2019.
Gigi, *"Bitcoin is Time,"* 2021.
Claude E. Shannon, "*A Mathematical Theory of Communication,"* 1949.

LEGGE DI MOORE
Gordon Moore, *"Cramming more components onto integrated circuits,"* 1965.

ANTIFRAGILITÀ
Andreas M. Antonopoulos, "*The Internet of Money (Vol. I),"* 2016.
Nik Bhatia, *"Layered Money,"* 2021.
Nassim Taleb, *"Antifragile: Things That Gain From Disorder,"* 2012.
Giacomo Zucco, *"Bitcoin & the HOPF Cycle of the Internet,"* 2020.

LEGGE DI GALL
Allen Farrington & Big Al, *"Only The Strong Survive,"* 2020.
John Gall, *"Systemantics: How Systems Work & Especially How They Fail,"* 1977.
Parker Lewis, *"Bitcoin is Not Too Slow,"* 2019.
Gigi, *"Implications of Outlawing Bitcoin,"* 2021.

CATALIZZATORI
Ross Stevens, *"Stoneridge Shareholder Letter,"* 2020.

IL DILEMMA DEL PRIGIONIERO
Parker Lewis, *"Bitcoin Cannot Be Banned,"* 2019.
Chris Kuiper and Jack Neureuter, *"Research Round-Up: 2021 Trends and Their Potential Future Impact,"* 2022.

PROVA SOCIALE
Luke Burgis, *"Wanting: The Power of Mimetic Desire in Everyday Life,"* 2021.

CIRCOLO DI COMPETENZE
Justin Kruger & David Dunning, *"Unskilled and unaware of it: How difficulties in recognizing one's own incompetence lead to inflated self-assessments,"* 1999.

CICLO GARTNER HYPE
Matt Ridley, *"Amara's Law,"* 2017.

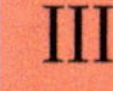

MINORANZA INTRANSIGENTE
Nassim Taleb, *"Skin in the Game: Hidden Asymmetries in Daily Life,"* 2018.

TEOREMA DELL'INEQUIVALENZA
James Davidson ve William Rees-Mogg, *"The Sovereign Individual,"* 1997.
Nick Szabo, *"Schelling Out: The Origins of Money,"* 2002.

EFFETTO LINDY
Willem Van Den Bergh, *"On Schelling points, network effects and Lindy: Inherent properties of communication,"* 2018.

EMERSIONE
Saifedean Ammous, *"The Bitcoin Standard,"* 2018.
Tuur Demeester, *"The Bitcoin Reformation,"* 2019.

IL RISCHIO MORALE
Parker Lewis, *"Bitcoin is a Rally Cry,"* 2020.
Nik Bhatia, *"Layered Money,"* 2021.

RINGRAZIAMENTI

Jeff Booth, **Saifedean Ammous,** Will Cole,
Cristian Keroles, Giacomo Zucco, **Vijay Boyapati,**
Cory Klippsten, **Gigi,** Parker Lewis.

www.ingramcontent.com/pod-product-compliance
Lightning Source LLC
Chambersburg PA
CBHW061250140726
47998CB00006B/2177